IMPRESCINDIBLE

LUIS MOROS

IMPRESCINDIBLE

El Poder del "Storytelling"

ESSENTIAL NETWORK
PUBLISHING

TABLA DE CONTENIDO

PER·SUA·SIÓN

La intención deliberada de una persona de modificar actitudes, creencias o comportamientos de otra persona o grupo de personas a través de la transmisión de un mensaje.

PRÓLOGO

Soy Laura Moro, una maestra de alma, acostumbrada y agradecida por trabajar con frecuencia con gente joven. Con más de 40 años de experiencia en dicción, acento neutro, comunicación asertiva, lenguaje corporal y lectura de teleprompter. En mi carrera he asesorado a periodistas, presentadores, reinas de belleza, animadores, influencers, empresarios, locutores, y hasta deportistas. Debido a mi experiencia, hay dos cosas que puedo percibir al instante al conocer un nuevo estudiante, estas son, la falta de preparación y la presencia de un talento innato. Este último caso es el de Luis Moros.

Cuando conocí a Luis él tenía 18 años y noté varias características notables: pidió puntualmente asesoramiento para sus presentaciones en una competencia de política estudiantil en su universidad; pero mi sorpresa rebasó cuando me dijo que su meta para dentro de 40 años es llegar a ser magistrado de la Corte Suprema de Estados Unidos, su país adoptivo.

A medida que nos frecuentamos, fui descubriendo que otra de sus cualidades es llegar donde se propone. Así como un caballo pura sangre, no puede volver atrás cuando está ya en la pista del hipódromo, y nadie espera que mire a los lados, para este tenaz y dotado estudiante, una vez que perfila la meta, hacia ella apunta todo esfuerzo. He detectado que llega por decisión, por tenacidad y porque no pierde tiempo quejándose de las dificultades. Luis se focaliza, destina todo su tiempo y capacidad en hacer lo correcto para concretar sus propósitos, algunos bastante atrevidos y otros casi imposibles de imaginar a su edad. Sirva como ejemplo haber destinado dos años indetenibles en la redacción de este libro, que de por sí, es un tema desconocido y atemorizante para muchos. Él confió en su don de la palabra y elocuencia para lograr esto que ahora tenemos ante nuestros ojos. Así ha sido su vida, convicción, focalización y una buena dosis de carácter. Pueden tratar de derribarlo, pero su fortaleza interior es parte de su chaleco antibalas para sobrevivir ante la falta de hogar, el desconocimiento cultural y la barrera del idioma de un país que, para él, era el espacio sideral. Así se dio su llegada y posterior asimilación al trabajo en la cuna de la política al trabajar en el Congreso de la Nación Americana con tan solo 19 años.

Me pregunto y les pregunto, ¿tenemos derecho a manifestar nuestro asombro y un buen caudal de admiración, ante un hombre como este? Pensemos que hace nada más que cinco años vivía en el seno de una familia de clase media en la Venezuela expulsante, entonces podremos imaginar el shock de saltar a los Estados Unidos, él y su mamá, solos. Para aquel entonces, y sin tener familia ni quien los protegiera, este muchachito aprendió el inglés y a fuerza de no perder el tiempo con lamentos, empezó a otear cuál sería su camino hacia la meta deseada. Cuando lo tuvo un poco más claro, tomó fuerzas, se inspiró y apoyó otra vez en su mamá, casi un personaje de ficción -porque siempre está rescatándolo cuando su cabeza decide tomar descansos-, ¡y arrancó! Hoy día sabe que lo suyo es la política, el bien público, y compartir lo que va aprendiendo para abrir ojos a otros jóvenes de manera que ellos también logren lo que cada uno tiene en mente. Estrategia e inteligencia en el cómo, el cuándo y a quién comunicar. Es por eso por lo que los medios de comunicación y las redes sociales lo aman.

Cuando conocí a Luis, mi primera impresión fue inolvidable; vi a un jovencito delgado, de aspecto formal y contenida expresividad, escaso de sonrisas, cuya voz obedecía a la lógica sonora, o sea el tejido de los sonidos que emitía era tan cuidadoso como su aspecto y su atuendo. Luego, cuando explicó por qué quería prepararse para la oratoria de tribuna y televisiva entendí que él era consciente de lo que tenía y de lo que necesitaba, lo cual a esa edad, es raro. Coincidamos en que desde hace unas dos décadas hemos ido percibiendo una especie de "brigada" de personas "raras". Ese grupo incluye a personajes como Steve Jobs, Mark Zuckerberg y a varios de los genios de Silicon Valley. En un comienzo, los asumimos como propio del mundo de los logros tecnológicos; sus inventos fueron tan novedosos que nos pareció lógico que así fuera, pero últimamente hemos ido descubriendo personalidades disruptivas también en el territorio de las artes, de los derechos humanos, de la salud, de la defensa del medio ambiente, de la moda sustentable, y ahora mismo de la política. Estos nuevos integrantes del grupo de "los raros" se atreven a romper el molde aceptado y hablan de renovación. Puede que sean un rebrote de aquel París del año 68, que ellos solo conocen por mentas y lecturas, pero estos jóvenes son más silenciosos, más fácticos, y tienen, sí, una característica notable. Para ellos, el fracaso forma parte del éxito, porque el fracaso es transitorio, parte de un ensayo general para el siguiente desafío que coronará su éxito. Y exactamente allí encontramos a Luis Moros, despojado de influencias, y de certezas, pero atesorando conocimientos del funcionamiento político del Congreso de los Estados Unidos, de las universidades, de los medios masivos de comunicación, de los procedimientos para ganar una beca de estudio, de cómo llegar a publicar, de cómo transformarse en una influencia del pensamiento no dogmático, con el generoso deseo de que otros también puedan aprovechar sus experiencias y estudios.

Recuerdo que en el momento en que Univisión me encargó preparar a dos jóvenes que iban a estrenar un programa de debates, el día en que yo debía comenzar con las clases, se declaró positivo mi prueba de COVID-19 y tuve que enclaustrarme. No podía desentenderme de esa responsabilidad urgente que me comprometía con el canal; recordé que Luis conoce de la mejor fuente los conceptos, los procesos, y el glosario que dinamiza los debates políticos. Le pedí que orientara a estas nuevas figuras. Sin dudarlo, como lo caracteriza, siempre atento, les dio clases y logró que estas jóvenes pudieran comenzar a desenvolverse de un modo más profesional y con un cierto bagaje político. Por eso, aunque este joven ha sido un caso atípico en mis más de cuarenta años como profesora y coach de talentos, la única certeza que me embarga es que Luis Franco Moros continuará con ese apetito insaciable de saber más, compartir más y ser más, porque para él eso es ¡IMPRESCINDIBLE!

Laura Moro,

Coach de Talentos de TV, radio, redes sociales, oratoria y presentaciones públicas.

INTRODUCCIÓN

Abriste este libro. Aún mejor, lo compraste. Mientras lees estas líneas hay personas muriendo, otras naciendo. Aviones despegando, otros aterrizando. Gente en hospitales, otros en fiesta. Unos en el gimnasio, otros viendo Netflix. Migrantes cruzando fronteras, gobiernos cayendo. Personas matando, otros recibiendo balas. Unos en la playa, otros en piscina. Personas libres, otras presas. Hay presos por crímenes, otros presos por violencia doméstica. Unos riendo, otros llorando. Unos en Dubái, otros en Caracas. Unos robando, otros drogándose. Unos en mansiones, otros en ranchos. Unos leyendo un libro diferente, y tú a pesar de todo lo que está pasando en tu ambiente segundo a segundo, decides pescar un libro sobre el arte de persuadir para convertirte en una persona imprescindible. Ya aquí no hay escape, no hay salida, ya hemos cerrado las puertas del avión.

Antes de que despegue el avión y empieces a volar con los siguientes capítulos, como todo avión, necesito advertirte algunas cosas.

Primero, este libro no es un libro de autoayuda. Si lo compraste originalmente bajo ese entendimiento, te pido cordialmente que bajes el avión. Los libros de autoayuda tienen el nombre indicado; ayudar al autor a enriquecerse más, ganar más influencia y conseguir todo menos ayudar a otros, solo autoayudarse a ellos mismos. Segundo, este libro no es mágico; sin embargo, te creará unas necesidades insaciables para resolver tus problemas, a tu manera y a tu forma. Tercero, esto será una conversación entre tú y yo. Compartir nuestras conversas es un pecado capital en este avión, al final las conversaciones son como el ADN. Por muy exacto que cuentes nuestros secretos, al final cada uno lo vive de manera distinta. Cuarto, puedes leer a tu libre albedrío. No hay secuencia. Es un libro perfecto para aquellos que leen solo en el tren, al dormir o despertar. Quinto, estas conversaciones serán nuestras, no es un libro modelo. Así que mientras vas leyendo, ve subrayando, circulando palabras, escribe anécdotas, tus pasos a realizar, lo que te llama la atención, hagas notas y conviertas este libro en una herramienta útil en tu vida.

La persuasión se ha convertido en mi comodín ante mis fracasos y en la herramienta fundamental para lograr mis objetivos. La persuasión es la capacidad que tienen algunas personas o compañías de influir en el comportamiento de otras personas. Así como una publicidad puede persuadir a las personas para que compren un producto y no otro. La persuasión no funciona de manera automática, para persuadir necesitamos argumentos y emociones que sean coherentes a nuestros argumentos.

Abunda en nuestras vidas, es palpable, es nuestra compañera invisible. En cualquier aspecto de la vida dice presente, sigilosa, como el silencio. En la ciencia, los nuevos descubrimientos se enuncian y se difunden en textos y en conferencias. Además, se utilizan argumentos para convencer a los lectores y al público. Allí persuaden los científicos. Por otro lado, los discursos pueden ser realizados por políticos, sindicalistas, empresarios, dirigentes, entre otros, para convencer a un público sobre la postura de un tema o para que voten a un determinado candidato. Por votos, persuade cualquiera. En el periodismo, algunos textos periodísticos, como el editorial o el artículo de opinión, se busca convencer al lector de la visión del autor. En el marco publicitario, se invierte en vallas y anuncios con la intención que las personas compren determinados productos o que contraten determinados servicios. En el marketing, se busca que un producto o que un servicio sea más atractivo que otro. En la propaganda política, se divulgan ideas, información u opiniones con el objetivo de que las personas piensen o actúen de determinada manera. En la política actual, un presidente hace un discurso utilizando frases de un héroe nacional para emocionar al pueblo y ser convincente ante sus posibles votantes. Nos persuaden también por influencia: Una reconocida actriz promociona una marca de cremas en sus redes sociales. Al ser una persona muy famosa, algunos asumen de forma instatánea que la crema funciona. Y puedo seguir. Las organizaciones no-gubernamentales no se quedan atrás y nos persuaden con campañas sociales. Las agencias de viajes, al igual que los restaurantes con sus menús, muestran imágenes paradisíacas para persuadir a que la gente contrate los servicios de dicho negocio.

Este libro va más allá de tomar notas y aplicarlas en tu vida. Esto es más que una conversación entre tú y yo. Aquí debatiremos, llegaremos a diferentes conclusiones, y lo más importante, nos persuadiremos hasta el cansancio. Como dicen por ahí, es mejor emborracharse con tu familia que con un par de extraños. Pues, este será un lugar donde aprenderás y sobre todo te armarás de valor para descubrir el arte de comunicarnos de manera sentida, persuasiva y sobre todo, autentica y coherente. Disfruta el vuelo, viaja a diferentes capítulos y empieza a usar la persuasión como atributo, pero también considérala como esa zona desconocida que habita dentro de ti a la hora de comunicarte.

EL ORIGEN

"La única forma de convencer
es la persuasión, no la coacción"
Mao Zedong

La vida empieza desde la concepción, la infancia desde que empezamos a gatear, la adolescencia a partir de la primera rebeldía ante nuestra madre y la persuasión la llevas dentro de ti desde aquel día que pronunciaste la primera palabra. La persuasión se origina en la lengua. Lo que reproduce tus cuerdas vocales no son solo letras, son lluvias de emociones e intenciones. Para hablar de persuasión, debemos viajar hasta la era de los filósofos que no tenían nada que hacer sino pensar, y nosotros no tenemos más nada que hacer que repetir o cuestionar sus filosofías. Según una tradición recogida por Aristóteles, el hombre conocido como el Empédocles de Agrigento fue el padre de la retórica y escritor del *"Córax de Siracusa"*, el primer autor de un texto escrito. A través de este texto, Aristóteles definió la retórica como la madre de la persuasión. No puede haber persuasión sin ella ya que la retórica es aquella emoción que causa que el argumento sea válido para convencer a alguien a través de la emoción, la razón y la credibilidad. Este es el contexto teórico que define la creación de la persuasión, el cual fue utilizada por primera vez durante la Antigua Grecia en el siglo V a.C. La primera presencia de la persuasión en la Tierra ocurrió cuando un profesor realizó un acuerdo con su alumno. El contrato consistía en que cuando ganara su primera prueba solo pagaría su matrícula académica. Pasó el tiempo y el alumno no participaba en ninguna prueba para ganarla o perderla. Entonces el maestro pidió su recompensa en el juicio. De esta historia real de la Antigua Grecia se originó la interpretación de los contratos legales. Era la primera vez que una disputa civil se llevaba al sistema judicial por una violación de acuerdos. Este es un pequeño resumen de la primera obra escrita. Al juicio lo titularon *"El juicio del Córax"*. No quiero hacerte spoilers[1]. Si algo puedo decirte es que esta disputa legal dejó un precedente en la historia de la literatura y la sociedad. El juicio estableció la importancia de la interpretación y la ejecución consciente del individuo. Y aun dicha lección sigue viva tanto en las comunicaciones como en el mundo laboral. En la vida, todo depende de la interpretación y la intención que le demos a las cosas, y eso es originado a través de la retórica y la persuasión. Por ejemplo, una pistola puede

---

[1] Adelantarte o comentarte el final de la obra.

ser el arma para eliminar a alguien que atente contra tu vida, por defensa propia, y también puede ser el arma para causar un tiroteo y acabar con vidas inocentes. Ahí está, interpretación e intención lo es todo. Por otro lado, otro momento histórico donde reinó la persuasión fue durante la primera cultivación de tomate hace unos 500 años antes de Cristo. En la actualidad, el tomate es la fruta más consumida. Y sí, al igual que la berenjena y la calabaza, botánicamente hablando es una fruta, no un vegetal. Al año se producen más de 60 millones de toneladas de tomates, 16 millones de toneladas más que el segundo fruto más popular, el plátano. El tomate es el ingrediente fundamental para más de 30,000 recetas gastronómicas y alrededor de 500 platos no pueden ser realizados sin el aporte del tomate. Sin embargo, durante siglos, los europeos y luego los colonos americanos miraron a los tomates con desconfianza y aprensión porque creían que eran tóxicos. Para los romanos, el tomate representaba la "manzana venenosa" de Adán y Eva en la actualidad. Una vez más, el hombre relacionaba sus miedos y las realidades del mundo con la religión. Esto no lo digo yo, lo constató por primera vez Andrew F. Smith, autor de varios libros sobre historia de los alimentos, uno de ellos hablaba sobre la historia del tomate. A finales del siglo XVIII, un gran porcentaje de los europeos llamaba a los tomates 'manzana venenosa', porque se creía que los aristócratas enfermaban y morían después de comerlos. La causa de muerte no estaba en los tomates, sino en los platos: era costumbre que estuviesen hechos de peltre, una aleación que contiene plomo. Al ser una fruta muy ácida, al colocar los tomates sobre el estaño, liberaban el plomo, lo que causaba el envenenamiento de los comensales. A falta de conocimientos sobre química que explicasen lo que ocurría, el tomate quedó marcado como culpable. Quien diría que la tradición europea y eclesiástica del consumo de tomate iba a ser retada e invalidada por un norteamericano. Más de 250 años más tarde de la categorización del tomate como fruta venenosa, el tercer presidente de Estados Unidos y uno de los considerados Padres Fundadores de la nación, Thomas Jefferson, fue de los primeros habitantes del estado de Virginia en cultivar y comer tomates. La mayoría de los americanos pensaban que los tomates eran venenosos, así que fue un evento sorprendente cuando, en 1806, los sirvió a sus invitados en la Casa del presidente. En sí, durante nuestra trayectoria por la vida enfrentaremos muchos experimentos sociales como el del tomate.

El origen de la persuasión también alimenta el propósito de la intención para que sobreviva a través del tiempo. En esta era moderna, la persuasión es la carta secreta de políticos para conseguir votos, para los *influencers*[2] atraer a más mentes vacías a

---

[2] Persona que cuenta con cierta credibilidad sobre un tema concreto, y por su presencia e influencia en redes sociales puede amplificar dicho mensaje o creencia.

sus ideas superficiales, las pequeñas empresas para atraer clientes, las empresas para hacer contratos millonarios, las organizaciones sin fines de lucro para conseguir donantes, los sacerdotes para doctrinar a otros en nombre de "Dios", y no te digo más porque pienso hacer un libro entero sobre las *1,001 formas que hemos sido persuadidos desde el origen de la humanidad*. En el entretiempo, podemos formar la lista juntos, mientras entras en el mundo fascinante de persuadir. Y te preguntarás, ¿por qué los políticos persuaden tanto, que los hace tan efectivos para que los votantes se conviertan en seguidores ideológicos? Sencillo, el efecto que viene con cada palabra. Esa es la diferencia, le añaden emoción a lo que dicen, aunque todo el discurso sea una total barrabasada de mentiras. En sí, la persuasión real proviene de poner más de ti en todo lo que dices. Las palabras tienen un efecto. Las palabras cargadas de emoción tienen un efecto poderoso.

Para la religión, la persuasión empezó a adentrarse en la vida del ser humano durante el clásico "Adán y Eva". Aparte de establecer los dos géneros, el bien y el mal, lo puro y lo sublime, lo que nunca ha revelado la religión es que dicha historia le revelaba a la humanidad a través de una serpiente como la persuasión puede inducirnos tanto para el bien como para el mal. La manzana envenenada provenía de un árbol. La biblia lo catalogó como el árbol del conocimiento. Y ya que hablamos de la importancia de la interpretación, la historia nos dice que de nada nos sirve los frutos de nuestro conocimiento si andamos por la vida con una intención negativa, y sobre todo, con la intención de envenenar a otros porque al final terminamos envenenándonos nosotros mismos. Ese fue el primer evento donde la persuasión era personificada en un contexto religioso con la finalidad de dejar un mensaje. Sin embargo, la Biblia conoce muy bien sobre esta palabra ya que fue utilizada 115 veces por discípulos y hasta el mismo Jesucristo: *"Con la mucha paciencia se persuade al príncipe, y la lengua suave quebranta los huesos"*, (Proverbios 25:15). Incluso, la Biblia detalla explícitamente como la persuasión es la herramienta ideal para hacer el mal, aunque páginas después cite como la persuasión ha sido la barita mágica de los discípulos de Dios para convencer a los hombres en la presencia misericordiosa.

> *"Por tanto, conociendo el temor del Señor, persuadimos a los hombres, pero a Dios somos manifiestos, y espero que también seamos manifiestos en vuestras conciencias"*
>
> *(2 Corintios 5:11).*

Y si seguimos nadando en olas religiosas, el Nuevo Testamento revela como la persuasión es sinónimo de creencia. La creencia es persuasión. La persuasión en sí es lo que nos ayuda a establecer un criterio, es la división de la izquierda y la derecha, el blanco con el negro, el bien con el mal. Es por eso por lo que hay personas devotas a un Dios y otras que son ateas. El evangelio o lo sigues al pie de la letra hasta cada día más convertirte en un discípulo moderno o definitivamente lo terminas rechazando con incredulidad. Es por eso por lo que en Hechos 28:24, Lucas contrasta las palabras *persuadidos* y *no creían*, mostrando que son lados opuestos de una moneda. En consecuencia, no creer significa no estar persuadido. Creer es estar persuadido sobre la verdad del evangelio. Por lo tanto, Lucas expresa el concepto de "creer" usando su sinónimo. Si estás persuadido de que algo es cierto, entonces lo crees. Punto. Es por eso por lo que la palabra más usada en la Biblia luego de Jesucristo, apóstol, y fe es la palabra *creencia*. En otras palabras, la Biblia ha persuadido de manera disfrazada a billones de personas por miles de años, conociendo que la palabra persuasión como tal, alejaría a las personas de creer en sí, ya que lo verían como adoctrinamiento o fe forzada hacia el camino de Dios. Por lo tanto, decidieron llamarle creencia. Al fin y al cabo, todas nuestras creencias son pruebas palpables de que hemos sido persuadidos para creer dicha idea. En Juan 3:36, estar persuadido se relaciona con la vida eterna: *"El que cree en el Hijo tiene vida eterna; pero el que rehúsa creer en el Hijo no verá la vida, sino que la ira de Dios está sobre él"*. Esto es una muestra de cómo la creencia es una máscara de la persuasión inducida en la religión.

El origen de la persuasión va más de lo religioso y teórico. El enfoque psicológico es fundamental. Eso lo tenía claro el filósofo alemán, Martin Heidegger, uno de los filósofos más influyentes del siglo XX que desarrolló teorías como la fenomenología, hermenéutica y existencialismo. En el ámbito comunicacional, Heidegger estableció la importancia de encontrar un punto común, un interés en aquel que nos escucha. Heidegger creía en la filosofía de la comunicación que consistía en formar al oyente como parte de tus experiencias personales, y si no le interesaba al oyente lo que decías, convertirlo en aliado sin darse cuenta de tus aventuras. Opinaba que la persuasión no depende únicamente ni de la intención retórica del hablante ni tampoco de su potencial interlocutor, sino que la persuasión se produce porque ambos comparten de algún modo un espacio de juego común que hace que la interacción comunicativa se efectúe. Si lo llevamos a un punto coloquial para entenderlo aún mejor, la filosofía de la comunicación de Heidegger consistía en lo que llamo un buen café. De nada nos sirve añadirle azúcar al café si de por sí el café está mal colado. Lo mismo pasa en a la hora de comunicar y persuadir. En este caso, la azúcar es la intención y emoción en tus palabras. El café, es encontrar ese punto común entre lo que comunicas y el interés de tu oyente. En realidad, no nos sirve de nada desarrollar todos los dotes de persuasión o influencia posible si de por sí no priorizamos en crear ese interés—que con el tiempo se convierte en necesidad—en nuestro oyente. Es decir, decimos que la enunciación de un hablante es persuasiva cuando tiene fuerza para mover a su interlocutor potencial a creer o hacer alguna cosa, pues lo que pretende con ella, en definitiva, es inducir una cierta actitud en él. Esto tiene que ver con que dicho interlocutor se forma un juicio en virtud de algo, es decir, comprende algo de determinada manera.

La persuasión se produce, pues, en el elemento del lenguaje: desde la intención del hablante que enuncia una proposición al efecto que provoca cuando aquélla alcanza un cumplimiento posible en la comprensión del otro. Por tanto, que la persuasión tenga lugar no depende únicamente —aunque sea importante— de la intención del hablante, sino igualmente del efecto que produce en su interlocutor en la medida en que éste es susceptible de ser persuadido. Ambos son participantes en la comunicación precisamente por eso, porque comparten de algún modo un espacio de juego común que hace posible que la interacción comunicativa se efectúe. Descifrar en qué consiste este aspecto —este «compartir de algún modo dicho espacio de juego común»— es lo que intentaré esclarecer en estas páginas.

Los principiantes en comunicación asertiva creen que solo pueden persuadir con palabras. En realidad, ese es apenas el comienzo. El origen de la comunicación radica en el lenguaje verbal y escrito. Lo que pocos saben es que escuchamos con la piel y comunicamos con todo aquello que se mueva. De allí nace el famoso refrán: *"Todo comunica"*, dándole apertura a la comunicación que muchos pasan por desapercibida y al final termina siendo aquella que jamás podremos controlar: la comunicación no verbal. Todo comunica, lo que contamos y también lo que callamos, lo que hacemos, aunque no lo contemos, lo que dicen de nosotros. Al final, hagas lo que hagas siempre transmites algo. Cuando se trata de persuadir, la palabra es parte de la receta, pero no el plato completo. Persuadimos con la mirada, el perfume, la vestimenta, el carisma, las emociones, la manera de caminar y para rematar esta mezcla de comunicación no verbal, añadimos las palabras como la cereza al pastel. Por otro lado, la persuasión no es originada por la pura sed de vociferar lo primero que pase por tu mente. Incluso, un buen persuasor es caracterizado por desarrollar habilidades auditivas más avanzadas que habilidades comunicacionales. El periodista y escritor mexicano, Jorge Ramos, dice que el ser humano escucha por cada lugar del cuerpo donde haya poros. Donde haya una entrada de oxígeno, por allí escuchamos, de verdad. Al igual que la comunicación, algunos piensan que solo se escucha con los oídos. En realidad, escuchamos con la piel, la mirada, la espalda que se nos paraliza al escuchar historias escalofriantes y con cada célula del cerebro. Al final del día, el origen y propósito de la persuasión es simplemente una regla poderosa que modifica la conducta humana y que de por sí, genera una obligación inconsciente en esa persona. Los seres humanos estamos programados para ayudar a aquellos que nos han ayudado previamente. Independientemente de la cultura y sin haber sido enseñados. La persuasión es el oxígeno de la comunicación asertiva. Es el balance cardíaco del corazón, cuando perdemos la tonalidad de nuestra voz y la fuerza e intención de nuestras palabras, poco a poco empezamos a ser desapercibidos por el resto, lo que le llamo una muerte súbita. Ser asertivos es la capacidad de convencer al otro de tu punto de vista, sin manipular, solo con la mera intención.

KIT DE EMERGENCIA

1. Históricamente, el gran persuasivo es el mismísimo Satanás: en forma de serpiente, convence a Adán y a Eva a que coman la manzana que los hará conocedores del "bien y del mal". Buena técnica de marketing, pues la publicidad que hizo no hacía referencia al sabor de la manzana o a sus vitaminas, sino a ganar poder.

2. No confundamos persuasión con coerción. La coerción es un intento de persuasión negra que plantea una amenaza a la libre elección de una persona, la reacción en forma de pensamientos y emociones negativas que malogran la iniciativa del mensaje. Comúnmente, las personas pueden terminar endureciendo su postura inicial en vez de ser persuadidas.

3. Ya que hablamos del origen de la lengua, todo lo que comience con P influye en tu vida, te cambia, te puede llegar a destruir como a elevarte al éxito. Las palabras con P te hacen abrir la boca de polo a polo al pronunciarlas—si estabas leyendo alto, acabas de pronunciar algo con P—y si, eso pasa por qué estás palabras pueden ser extremas: política, poder, padre, prostitución, perdonar, persuasión, pensamiento, y paciencia.

4. Recuerda que lo más importante a la hora de persuadir es lograr un interés común en ti y en aquel que te escucha. Si no están listos para escucharte, no importa lo que digas porque reaccionarán en un mecanismo de efecto negativo a nivel psicológico. El oyente debe estar listo para escuchar. Es lo mismo que el sexo, es por niveles, por matices, por etapas. No puedes venirte de una vez porque lo que era una atracción termina siendo en una estampida de emociones.

5. La única relación entre la persuasión y la manipulación es que ambas tienen como objetivo causar una mortificación o constante pensamiento de dicha idea que se te fue presentada con la finalidad de cambiar de opinión o

punto de vista. En otras palabras, la mejor persuasión o manipulación no es la que perjudica a alguien, es la que te deja pensando día a día, hasta que actúes, por bien o por mal.

LA ZONA DESCONOCIDA

La zona desconocida es aquello que muchos le huyen, es ese terror de no saber que está del otro lado por miedo a que sus ideas o ideologías sean retadas. En la política le llamamos bipartidismo, en literatura se le conoce como un punto de vista y en la psicología lo llamamos el subconsciente. Siempre está esa zona desconocida que muchos sienten terror, incertidumbre, rechazo y hasta genera molestia. La persuasión no es la excepción; la persuasión puede transformar vidas, ser el arma necesaria—o que te falta—para conseguir tu puesto de trabajo ideal, el toque secreto para llevar tu marca personal al próximo nivel o simplemente esa rareza que necesitas para empezar a conectar de manera más genuina y empieces a ser escuchado y sobre todo ser figura de cambio.

En este capítulo se habla lo que nunca se ha hablado de la persuasión: El por qué es el ingrediente secreto que se encuentra desde que te montas en un taxi hasta todos los domingos en la iglesia. Lo más importante, aquí hablo de la persuasión como arma imprescindible para lograr ser una persona que influya en la vida de los demás. Hablo de influir, no de tener éxito. El éxito es subjetivo, su definición depende de cada persona y cambia según nuestras facetas de vida. Tu definición de éxito a los veinte no será la misma a los cuarenta. Para influir, necesitamos comunicar con emoción. Pero, las emociones suben y bajan. ¿Cómo usar la zona desconocida positiva de la persuasión en nuestras vidas? Cancela tu reunión de trabajo, no saques a tu mascota o dile a tu mamá que hablan después. Necesitas leer esto para darle la sazón que le faltaba a tu receta personal de liderazgo: persuadir a otros.

EL TERMOMETRO DE LA PERSUASIÓN

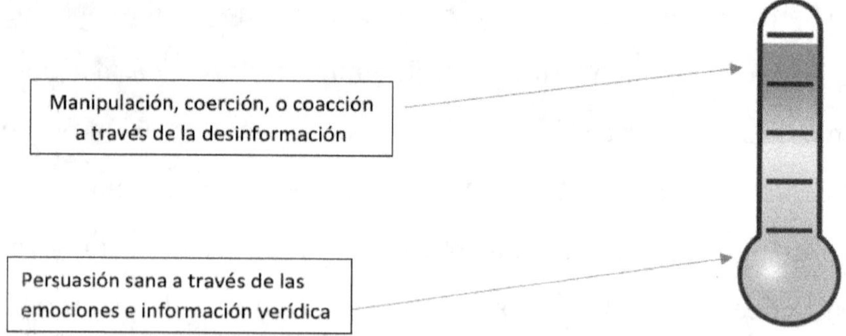

Tal vez te preguntarás ¿por qué un libro de persuasión es ideal para mí? Para mí es de suma importancia y es en esencia la base de todo, sin embargo, casi nadie habla sobre ello. Siento que los institutos educativos nos indoctrinaron a aprender lo que la sociedad considera "esencial", saltándose lo básico. Por ejemplo, usar tu inteligencia emocional para influir en las decisiones de los demás. Para sacar un crédito, necesitas persuadir al banco de que eres un prestamista fiable, para entregar la tarea después de tiempo, hay que saber persuadir a nuestros maestros, para hacer amigos, tenemos que saber demostrar nuestra esencia y enganchar con el otro, para invertir en bienes raíces, debemos tener conexiones y encontrar mentores. Hay tantas cosas que no son enseñadas en una escuela regular en cualquier país, para eso existen los libros. Para que los rebeldes del mundo—los escritores—plasmen a través de historias, sentimientos y emociones las realidades invisibles de la vida que otros no se dignan a palpar. Escribir no hace ruido, no molesta a nadie, no es incómodo… hasta que afecta tu vida para bien o para mal. Las lecciones de vida hacen ruido y es el comodín necesario para que un libro se vuelva viral y un escritor se una a la columna moderna y sin sentido de ser un "INFLUENCER".

La persuasión es necesaria hablarla. Muchos opinan que es una forma de manipulación o para hacer ofertas engañosas, pero pocos conocen los beneficios de ella. Para decir más, muchas personas no saben tan siquiera para qué sirve. Incluso es el arma principal de los políticos, de los sistemas educativos, del sistema inmigratorio y hasta de los médicos para causar un cambio social o establecer un punto de vista. Recientemente, el mundo enfrentaba—y en algunos países continúan enfrentando—los estragos del coronavirus. En el año 2020, tuve el privilegio y honor de ser pasante e investigador del Centro para la Libertad y la Prosperidad Global en el Instituto Cato, el noveno instituto de investigación más importante del mundo. Nuestro equipo se dedicó a conducir un estudio el cual revelaba que la persuasión funciona mejor que las órdenes ejecutivas para aumentar la vacunación en contra del coronavirus. El Instituto Cato y YouGov realizó una encuesta en internet de 2,000 adultos con dieciocho años de edad o mayores. El 67% de los encuestados reportaron que ya había recibido al menos una dosis de la vacuna contra el COVID-19. Solo un 17% dijo que no están dispuestos a vacunarse. Michael F. Cannon, director de Estudios de Políticas de Salud del Instituto Cato, revela que estos resultados sugieren que EE. UU. puede lograr una tasa de vacunación de 80% con seguridad y sin mandatos al enfocarse en el arte de persuadir vendiendo una narrativa que motive a otros a vacunarse por necesidad.

La persuasión es una disciplina que realizamos diariamente, algunos más que otros. La persuasión es simplemente un mecanismo de formación sensitiva en la comunicación. Es una mezcla de los famosos términos *storytelling* (narración), *storythinking* (forma de pensar en la narración), y *storydoing* (la acción tomada a través de la narración). Estos tres juntos crean lo que le llamo, *storyselling*, el arte de vender a través de tu historia. La realidad es que estamos expuestos a la persuasión en todos los ámbitos y en todos los ambientes: por los medios de comunicación, por políticos, en las redes sociales, por la corte suprema, las comunidades religiosas, hasta con familiares y amistades; y no nos estamos dando cuenta de esto. De igual manera, muchos se han preguntado qué es, pero ese no es mi trabajo aquí. Para eso está Google.

Google nos arrebató la necesidad de sentirnos unas enciclopedias andantes. Google simplemente es un buscador mundial, el cual se ha convertido en la enciclopedia moderna. Sin embargo, Google no es la plataforma de la verdad ni mucho menos es fuente de noticias. Google es un buscador, no una enciclopedia ni un medio noticioso. Es por eso por lo que Google y cualquier otro buscador no tiene ni tendrá la capacidad de explicar el porqué de las cosas. El internet puede en segundos buscar la definición de la palabra persuasión, pero solo los que nos dedicamos a esto podemos explicar el porqué de las cosas. Mientras que los navegadores de información se encargan de informar el "WHAT" o el QUÉ de las cosas. Los escritores y expertos nos encargamos de explicar el POR QUÉ, ¿el "WHY?", de las cosas. Así que de eso te debes encargar en tu marca personal o empresa. Trata de siempre levantar la bandera del "¿por qué?", eso despierta la curiosidad en la audiencia y motiva a otros a saber más de ti y por lo tanto, de lo que ofreces al mundo.

La persuasión es algo muy personal en mí y algo que con el tiempo descubrí es la rareza que me hace esencial e imprescindible en todo lo que hago. Cuando llegué a Estados Unidos, llegué con tan solo $100 dólares en el bolsillo. Tuve que esforzarme por terminar mis estudios en un país que no es el mío, donde el idioma principal no es el español, y donde tenía que esforzarme diez veces más que un nativo. La persuasión se convirtió en un mundo nuevo para mí y donde llevaba ventaja porque nadie parecía enterarse de lo poderosa que es. En realidad, sabía que económicamente no me daba ni para comenzar, por eso me desarrollé en el arte de persuadir. Un arte que te permite contar tu historia de tal manera que logres conectar con otros. Solo necesitas tres cosas: una mente racional, una historia que contar y una persona que esté dispuesta a escuchar. Así descubrí que era la manera más rápida e instantánea de dejar huellas por cada lugar que voy. Descubrí que sería necesario comenzar a ser intencional con lo que lo que hacía y decía. Tal y como mi madre siempre me decía: una persona se mide por lo que dice y se define por lo que hace.

Ambas, lo que vendes y lo que haces deben hacer sintonía para ser creíble y respetado. Tuve que aprender a vender quien era y acompañarlo con mis acciones. Fue a través de la persuasión y mi hambre por conocer historias desconocidas, aprender de extraños, escuchar lo más idiota hasta lo más sabio que me permitió atrapar, adaptar y asimilar todos los patrones de conductas positivos de cada persona, aplicarlos en mi día a día y analizar como estos factores me permitirían llegar a espacios que jamás imaginé llegar con dieciséis años de edad: formar parte del curso político estadounidense. A los 17 años trabajé de la mano con la ex primera dama de los Estados Unidos, Michelle Obama, como Embajador de la Florida de la organización sin fines de lucro *"When We All Vote[3]"* que me permitió recorrer más de cien escuelas públicas, llevar un mensaje de activismo cívico a más de 30,000 estudiantes e incrementar el registro de votantes en el estado. Pero yo jamás me detuve, para mí la meta no estaba cumplida. Mi meta principal era trabajar en la capital de la nación. Y después de casi cinco años en la política, llevando un mensaje claro, y siendo una figura disruptiva de que los jóvenes si tienen voz y si son esenciales para un cambio político, logré llegar al Congreso de los Estados Unidos con 19 años como pasante e investigador de propuestas de ley, en específico, todas las propuestas relacionadas con la educación cívica. Ha sido un camino de arduo trabajo, dedicación,

---

[3]   "Cuando todos votamos, en español"

disciplina y perseverancia. Pero, sobre todo, un camino que ha sido tan efectivo y rápido gracias a la persuasión, mi inteligencia emocional y mi capacidad de llevar un mensaje complejo y difícil de comprender para muchos—como es la política—a algo tangible y fácil de digerir para todos, sin importar estatus social o académico. La simpleza al hablar, la agudez de mi análisis crítico y la soltura al comunicar mi historia me han llevado hacía donde estoy hoy[4]. Es por eso por lo que quiero dedicarte estas páginas para que tú también hagas lo mismo que yo hice. Analices y desarrolles las lecciones de vida de las experiencias de otros y las apliques en tu camino por la vida por un bien común, sin importar las etiquetas que nos auto colocamos.

EL NACIMIENTO DE LA PERSUASIÓN

Hay muchas cosas que se pueden entrelazar con este tema incluyendo el conocimiento y la lengua. La persuasión te ayuda incluso a identificar las personas mal intencionadas o personas que se hacen los idiotas para persuadir también. Esto se debe a que la persuasión está bien atada a los puntos de vista. Algo que descubrí en el camino es que no vamos a tener el mismo punto de vista toda la vida. Nuestra manera de ver las cosas siempre está en constante cambio y va a depender de lo que esté sucediendo en nuestra vida y de quienes estén en ella. Hay quienes pueden

---

[4]   ¡Y LO QUE FALTA!

creer que lograr saber lo que otra persona está pensando es un super poder, pero hay más poder en saber identificar cuándo una persona está tratando de persuadirte y con qué intención. Esto es algo que ahora logro identificar dado a todas las experiencias que he vivido y superado. La persuasión no es algo malo, puede llegar a ser una muy buena aliada.

He dedicado la mayoría de los años de mi vida, es decir, desde que tengo uso de razón, al entendimiento psicológico del ser humano. En el camino he tenido varios mentores directos e indirectos que han impactado mi manera de pensar. Uno de ellos ha sido la Doctora Ana María Polo. Para unos en un programa ordinario, otros lo interpretan hasta un pasatiempo para reírse de la absurdez del ser humano a través de los casos. En realidad, hay mensajes tan profundos en su programa. A los seis años empecé a ver su programa y me fasciné por las leyes y desde muy pequeña edad pude comprender que el conflicto es parte del comportamiento humano. Desde allí empezó mi pasión por las leyes, la justicia y el orden. Al pasar del tiempo, crecí viendo el mismo programa, todos los días, a las 2:00 P.M. en Venezuela, era para mí imperdible. Era mi terapía diaria para entender un poco más el significado de las leyes y debatirme de manera interna si las leyes iban de la mano de la justicia. Después de décadas viendo el programa, llegué a una conclusión. Ambos coincidimos en la teoría que la justicia no existe. Estuve años buscando identificar a una persona que pensara de la misma manera que yo pensaba. Para ambos, la justicia es una teoría; una manera de pensar. La única justicia que pudiésemos afirmar que es real es la justicia divina. La justicia terrenal no puede existir porque la ley fue creada por el ser humano. Todo lo que ha sido creado por el ser humano puede así mismo ser alterada, destruida o desvirtuada por el mismo ser. De igual manera, no existe una definición clara de lo que es la justicia. Sabemos que la ley es la ley, pero lo que puede ser justicia para mí, no necesariamente es justicia para otros. Por esto es por lo que el símbolo de la justicia es la balanza. Siempre va a existir un lado que domine más que el otro. Cuando escuché a la Doctora expresar que ella se dedica a impartir la ley, no la justicia, porque al siempre existir la diferencia de opinión nunca habría una resolución totalmente "justa" para ambas partes del caso, supe que ella y yo compartíamos la misma teoría sobre las leyes. Me inspiró mucho y me abrió la mente para ver de manera distinta el pensamiento crítico cuando llegan casos y aún para enfrentar mis propias experiencias de vida.

Aprendí por todo lo que he tenido que superar que la vida no es justa. La vida es lo que es y simplemente va a depender de nosotros. Otra persona que me ha inspirado mucho a profundizar en este tema ha sido el exdueño del periódico estadounidense

Washington Post, Don Graham, quién ha sido un pilar fundamental para mi educación y también para mi formación desde el punto de vista profesional y empresarial. Don es una de las personas más transparentes y humildes que he conocido en mi trayectoria profesional. Tuve la oportunidad de hablar con el y conocer a muchas personas influyentes. El cambió mi manera de pensar. Una de sus frases imborrables es: *vas a poder llegar a donde quieras llegar, si no te olvidas de quién eres.* Esa precisamente era una de mis mayores batallas desde los 14 años. A medida que mi mundo iba cambiando, me olvidé mucho de quién era. Yo deseaba olvidar a mi país porque precisamente encontraba tan injusto todo lo que allí ocurría. Esas palabras me abrieron un mundo de posibilidades. Todo lo que haces, todo lo que hablamos, de la manera en que mueves las manos al hablar, la manera en la que te proyectas, todo eso es una proyección no verbal de tus raíces y por muy destrozado que esté tú país, no puedes avergonzarte de él. Así como decía Italo Pizzolante: *"Hay quienes se van sin irse, hay quienes se quedan sin estar. Quienes estamos nunca nos vamos, no importa donde estemos, lo importante es estar"* Hasta que no veamos que somos una definición distinta de nuestro país, no se logrará ver los frutos de felicidad en lo que hacemos. El liderazgo de Don Graham me ayudó a identificar lo que considero un liderazgo intermitente. Su manera de persuadir con sus acciones que reflejan sus valores y su manera de ejercer autoridad de una manera calmada y pasiva sin estar siempre bajo el lente me ayudó a entender que es importante ser así algunas veces, sin estar en el ojo del huracán—en este caso, en el foco principal de la prensa—.

Mis primeros conceptos de la persuasión se desarrollaron a muy temprana edad y mi definición de ella era muy negativa, al principio. Todo por causa del gobierno populista y autoritario de Venezuela. Nací el 10 de abril, un día antes del primer golpe de estado perpetrado por el presidente a cargo en aquel momento en contra de un exmilitante que se convertiría lugo en la voz del "chavismo" en el país, Hugo Chávez Frías. Nací en medio de una guerra social y económica y me fui del país en medio de otra guerra, esta última parecía ser peor. Y la manipulación malintencionada—en este caso no es persuasión, sino coerción— era lo que utilizaba el gobierno para mantener al pueblo bajo un dictamen. Era aterrador ver cómo amenazaban con quitarle la vida a quienes pensaban de manera diferente. Escalofriante como ibas al supermercado y no conseguías los alimentos esenciales para comer, desesperante tener que recorrer media ciudad para buscar el pan. Cuando me enfermaba era agobiante ver a mi mamá dando brincos porque no se conseguía la medicina en ningún rincón del país y ver como mi madre terminaba llamando al doctor para que me recetara un medicamento alternativo que si se consiguiese para no enfermarme más. Y simplemente era inquietante terminar en apuros una reunión familiar o de amigos porque la gente estaba pendiente de la hora, del carro estacionado en el estacionamiento y los nervios de punta porque se querían ir de vuelta a casa antes que oscureciera porque no había seguridad. Simplemente inverosímil vivir en un país donde te matan por un teléfono, pero sobran las razones para reír. Y mientras reíamos, donde reíamos y pasábamos el tiempo, era una ciudad que de noche se convertía en un valle de balas. Eso me inquietaba, y decidí huir. Escapar. Persuadiendo a mi madre para irme. Porque ya no era seguro, y jamás lo sería si me quería dedicar a la abogacía, a defender injusticias y a escribir las realidades de la vida sin filtro.

Al emigrar a los Estados Unidos la persuasión seguía allí, presente en mi vida y gritando desde dentro diciéndome que necesitaba estudiar esa manera de pensar, porque podía cambiar mi vida. Y decidí abrir los ojos, los oídos y mi mente para empezar a ver la vida y las reacciones de los demás con otros lentes. Dejé de llamar a las personas que no estaban de acuerdo conmigo como locos, idiotas, desquiciados o ignorantes porque detrás de cada uno de estos, hay una razón de todo lo que hacen. La mayoría de las veces para persuadir y moldear nuestra manera de pensar. No fue hasta que bajo mi deseo original de ser policía (sí, era mi deseo y estuve dos años en la academia), tomé una clase de criminología e interrogación forense. La profesora que dictaba la clase nos dijo que para un buen agente del FBI y para aquellas personas que trabajan en las oficinas del 911, hay dos "P" que son determinantes en su carrera: Paciencia y Persuasión. Originalmente yo no sabía lo que significaba esa palabra. Sin embargo, mi distinguida rareza por observarlo todo, investigarlo todo y sentir curiosidad hasta por la manera de andar me impulsó a buscar información sobre ella. A partir de ese momento, me di cuenta de que era la acción de convencer o debatir o simplemente esa palabra que pone en discordia lo que es la lógica y las emociones del ser humano y que carga un toque de psicología. El concepto me atrapó. En ese momento no pensaba escribir un libro, pero luego de ver tantas injusticias, tanta flojera de mi generación, ver cómo hay tanta gente que tiene mucho talento, pero no sabe vender su historia y no se saben vender a sí mismo, dije: "¿Por qué no?". Actualmente estamos abrumados por tantas fuentes de persuasión. En estos tiempos puedes encontrar veinte puntos de vista de un mismo tema que muchas veces no sabemos cuál creer.

Daniel Pink, autor de varios libros y unos de los precursores modernos de la persuasión expresa: *el ser humano siempre se ha dedicado a una sola cosa: a vender.* Tanto es así, Daniel le ha dedicado un libro entero al ser humano para explicarle que venderse a sí mismo es un acto de supervivencia. Nos tenemos que vender principalmente nosotros mismos. Todos los días, en todos los ámbitos. Hay quienes pueden decir que esto de venderse es un don o un talento con el que se nace, pero esto se puede aprender y desarrollar. Es por ello, que me encargaré de demostrarte, al igual que Daniel, que vender es de humanos, de todos. Esto no está limitado a quienes tienen una profesión de ventas. Y la herramienta necesaria para vender es la persuasión. Mercedes Benz™ jamás hubiese podido vender el primer automóvil del mundo hace más de un siglo, sin persuadir al comprador diciéndole que el auto es una necesidad y consecuentemente, una solución efectiva que le resolverá problemas futuros al comprador. Claro está, antes el vendedor sabía mucho más que el comprador, pero hoy día se le hace más difícil al vendedor ya que quienes compran tienen más opciones. Es en este tipo de escena que la persuasión juega un papel protagónico. El comprador de ahora tiene acceso a miles de productos similares[5].

Hablarte de persuasión con veinte años es todo un reto. Antes de la publicación, estaba consciente que, al escribir bajo un tema como este, uno de los mayores retos sería que las personas lo aceptaran porque hay conceptos que de inicio no los van a entender. No porque no sean capaces de ello, sino más bien porque este libro va a requerir que suelten la lógica y para muchos la lógica y la razón

---

[5] Información asimétrica: Los mercados con información asimétrica son mercados en los que una de las partes tiene más información que la otra.

va mucho más allá de lo que sentimos. La persuasión es subjetiva, no tiene una formula exacta que nos funcione a todos. ¿Por qué? Porque la persuasión depende de la conexión entre tu cerebro y tu corazón. La persuasión es una mezcla entre el intelecto y el sentir. Como te había dicho, es algo intangible. No puedes tocar cuantas neuronas tienes, pero si puedes sentir que tanto sabes y cuánto has recorrido, que tan real eres con una historia bien contada. La persuasión también es alimentada por cinco factores que analizaremos durante nuestro camino. Ellos son: la intuición, el espejismo lingüístico, la emoción, la necesidad y la molestia.

Por otro lado, trataré de anular e invalidar diferentes ideologías sobre el origen de la persuasión. Existen muchos mitos. Muchos creen que fue creada para manipular, conducir, o doblegar las opiniones o pensamientos de los demás. Sin embargo, la persuasión sirve como herramienta para vender, para decirte que tienes un problema, para convencerte de que eres importante, para persuadir con tu vestimenta o para simplemente persuadir tu mente ante esas voces oscuras que nos dicen que nos rindamos a mitad del camino. Les recuerdo que aún sigo siendo joven, y la herramienta de la persuasión ha sido mi arma principal que me ha mantenido en pie y que ha permitido que mi opinión tenga valor a pesar de mi edad actual. Tengo todas las minorías en mi contra: el inglés no es mi idioma principal, soy hispano, siempre soy el más joven en todo y tengo que revalidarme de manera constante. Tuve que prostituir de manera inteligente mi conocimiento. Se escucha fuerte, pero ha sido real. Yo he tenido que brindar mi conocimiento a cambio de recibir algo. Fueron muchas las ocasiones que mis ideas fueron utilizadas, pero sin darme el crédito, simplemente porque soy la representación de una minoría o porque mi sabiduría y conocimiento ha sido varias veces cuestionada. Sin duda, este viaje a través de la persuasión nos ayudará a comprender la absurdez del ser humano, pero también la genialidad de aquellos persuasores natos que espero que al final de este libro, salgas a persuadir hasta a tu perro. Aprenderemos el valor de una marca personal, como vendernos sin ser prostitutos del conocimiento de otros, como enamorar a otros con nuestro vocabulario, elevaremos nuestro conocimiento, entenderemos que persuasión no es agregar glucosa a las palabras sino ser breves al hablar. Finalmente, destaparemos la caja de pandora al descubrir como molestar puede ser un ingrediente a tu marca personal para encontrar credibilidad, receptividad y ganar dinero. En otras palabras, si eres incapaz de persuadir o desconoces la persuasión, pues no podrás vender tu marca personal, producto, o empresa efectivamente. Por ello, sino sabes vender, eres un ser humano aún sin la capacidad de influenciar a otros. Simple. Sencillo. Y sin anestesia.

Así que siéntate, tomate una taza de café y si no tomas café, empezamos mal. Es broma, pero comienza a hojear este libro teniendo dos cosas en mente: no pelees con el libro, porque no te puedo escuchar. Si quieres que te escuche, mándame un mensaje de voz al Instagram. Y si te duele o te afecta lo que lees, pues bienvenido al primer sentimiento y síntoma de que estas siendo persuadido: la culpa. Lo importante en la vida es ser consecutivo; ser consecuente con las cosas. Algunas veces no nos van a hacer caso, no nos van a oír, no les va a importar lo que estás diciendo y pensarán que tú no sirves para ese espacio. Es entonces cuando tienes que ser persistente y consecutivo. Seguir insistiendo hasta lograrlo. La persuasión puede ser utilizada para bien o para mal. Siempre ha estado en todo. Existe desde antes de cristo, y si eres ateo, existe antes que tu tatarabuelo. Es usada para la resolución de conflictos y es clave en los tribunales de justicia, en la oficina, en el medico, en las colas interminables de un concierto, en la sala de espera del banco, en la política, en la medicina y hasta en tu madre para que te complazca. Estas cosas nunca van a dejar de existir. Lo hacemos todos los días y nos exponemos todos los días. Ahora dependerá de ti en qué lado de la moneda quieras estar. La meta principal es que todos logremos persuadir de manera efectiva. Si todos supiésemos persuadir, no estuviésemos como estamos. En mi caso me salvó la vida, me ayudó a sobrevivir en unos de mis momentos más oscuros en la vida; cuando no tenía un lugar fijo donde dormir y me la pasaba deambulando de casa en casa, de sala en sala, y de sofá en sofá. Yo me persuadía a mí mismo que eso era un estatus temporal. Tuve todas las probabilidades de hacer el mal y caer en un mal camino, pero la persuasión personal fue lo que me ayudó a no desenfocarme y a no perder la esperanza que podía lograr mis sueños con disciplina y una meta clara. Los sueños se los lleva tu almohada sino hay disciplina y una meta clara. La persuasión me salvó de vivir en un país en crisis, me salvó de la calle y del hambre, y de los momentos más incomodos de mi vida. Lo mismo puede hacer la persuasión para ti.

KIT DE EMERGENCIA

1. **Ten cuidado:** Utilizar la persuasión sin conocimiento previo, puede salirte el tiro por la culata. No quieres reflejar una imagen arrogante o autoritaria. Para eso, práctica primero la tolerancia auditiva.

2. **Sal a la calle:** Sal y rodéate de personas diferente a tu manera de pensar y actuar. Persuadimos con empatía y carisma. Ambas habilidades nacen del buen conocer de las debilidades y habilidades de otros. ¡Sal!

3. **Identifica una emergencia:** Más del 50% de las veces, sentimos la necesidad de persuadir en casos de emergencia. Sea cerrando un contrato, hablando con nuestros padres para que nos dejen salir de casa, convenciendo a tu pareja de que no pasará nada si vas solo/a la fiesta, etc.

Identifica esos escenarios y analiza que puedes mejorar para persuadir más. Recuerda que lo más importante en una discusión es mantener la calma. Si gritas, pierdes.

4. **Encuentra a un mentor:** Hay dos tipos de mentores, aquel que es alcanzable y aquel que te inspira a través de su trayectoria. Ten varios, empieza por uno.

5. **Busca tu zona desconocida:** Para empezar a persuadir, debes saber aquello que conscientemente te enfada, te desespera y desestabiliza. De allí, puedes entender lo que puede desestabilizar a otros. ¿Por dónde debes empezar? Por tu subconsciente.

PERSUASIÓN PERSONAL

"Nada tan estúpido como vencer.
La verdadera gloria está en convencer"
Víctor Hugo

Es casi imposible tratar de persuadir a otros si primero no podemos persuadirnos a nosotros mismos. Para lograr una persuasión personal tenemos que reconocer cuales son nuestros límites. La vida está llena de distracciones y tentaciones; entonces cuando desconocemos nuestros límites somos más débiles para resistir esos escenarios. Esto se puede ver tanto en la vida personal, profesional y en lo económico. Si no sabemos cuándo hacer un detente en cada una de esas áreas o logramos un balance en nuestras vidas, no vamos a lograr persuadir a otros porque perdemos credibilidad. No podemos hablar de una vida exitosa si nuestra vida personal está hecha una mierda. Lo que decimos siempre tiene que estar en línea con la manera en la que actuamos.

La persuasión personal es parte fundamental de tu formación como individuo. Antes de salir a la calle a persuadir a otros, es importante persuadirte a ti mismo y saber cuáles son tus metas, cuál es tu valor y saber qué es y no es bueno para ti. Las mismas limitaciones que usas para limitarte en tu vida son las que dirán presentes cuando tratas de persuadir a otras personas. La persuasión no es una magia. Hay ocasiones en las que va a funcionar y en otras no. Por esto es tan importante que lo que hables vaya en acorde a lo que vives. No es algo que puedes forzar. Queda del oyente creer lo que está escuchando, por tanto, existirán ocasiones donde sentirás que le hablaste a una pared. Eso está bien. A ellos le llamo "personas bloque o personas murales[6]". Simplemente debes asegurarte de que, de tu parte, lo que hablas, es lo que vives y modelas.

Para poder explorar lo que es la persuasión personal debemos comenzar con una de las preguntas más sencillas de preguntar y difíciles de contestar en el mundo: ¿Quién eres? No hay una definición ni respuesta exacta para esta pregunta. De la misma manera debes explorar, según tu criterio, lo que es el éxito y el liderazgo. Estas son preguntas que van a tener una respuesta diferente de acuerdo con la etapa en la que te encuentres. Siempre van a ir en acorde a tus prioridades actuales. En la medida que tú como persona vas cambiando, estas definiciones van cambiando

---

[6]   Más de este tipo de personas en "Espejismo verbal".

contigo. Es importante que tengas en claro la respuesta para que cuando estés tratando de persuadir a otros no se trasmita inseguridad en ti mismo. Será necesario descubrir quién eres, sin confundirte con lo que haces. Mucha gente asimila lo que es, con lo que hace. Por ejemplo, si me preguntan "¿quién eres?", por lo general las personas contestan: "Yo soy Luis Moros, trabajo de la mano con legisladores y me dedico a influenciar a políticos, etc." Pero, ese no soy yo realmente; es lo que hago. Por lo tanto, para lograr una persuasión personal necesitas saber quién eres a pesar de los títulos y de tus logros.

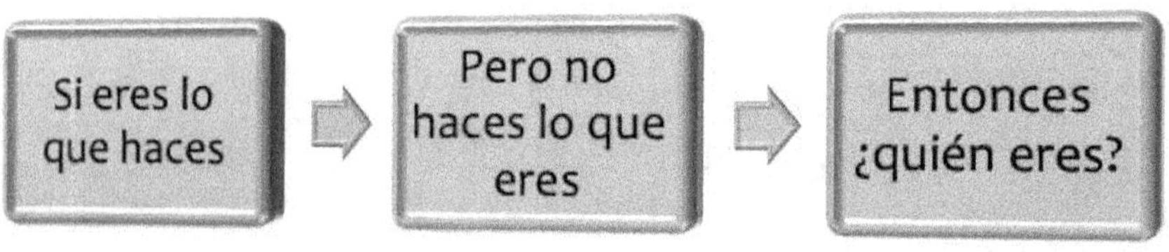

La ilustración arriba parecerá un trabalenguas, pero realmente es un ejercicio simple que te ayudará a reflexionar en el tema del autodescubrimiento. Te lo simplifico de la siguiente manera: si hoy eres maestra y mañana por la razón que sea, ya no lo puedes ejercer, ¿quién eres? Cuando realmente toques estas puertas, lograrás entrar a un mundo del que nadie habla y vas a poder descubrir las fortalezas de otros, pero más importante aún, las debilidades. Ten en cuenta que una sección de la persuasión se trata sobre descubrir las debilidades de los demás y poder usar esta información de acuerdo con lo que deseas comunicar y convencer. La aplicación correcta de la persuasión personal en tu vida puede convertirse en una de las armas más poderosas y beneficiosa que tengas.

Uno de esos beneficios es el desarrollo de adaptabilidad ante los escenarios de cambio. El ser humano lucha constantemente con los cambios tanto en su vida personal como en los aspectos laborales. Cuando tu logras dominar tus pensamientos no importa los cambios que se puedan presentar, puedes convencerte a ti mismo que tienes la capacidad de adaptarte y que de igual manera serás exitoso en este nuevo escenario. Una muestra de ello son los migrantes o aquellos ciudadanos del mundo. Aristóteles siempre se decía que la inteligencia de un ser humano no se media por su sabiduría, sino por su capacidad de adaptarse a nuevos ambientes. Por otro lado, Charles Darwin, el padre de la evolución, creía que las especies que sobreviven no son las más fuertes, ni las más rápidas, ni las más inteligentes: sino aquellas que se adaptan mejor al cambio. La verdadera persuasión debe empezar sobre ti mismo y los retos que llegan a nuestra vida nos muestran de qué estamos hechos, nos llevan a superar nuestros propios límites y nos fortalecen para futuros situaciones que puedan surgir.

Ten en cuenta que en el mundo que actualmente vivimos, todos los días hay alguien que está tratando de persuadirte para que compres su producto, te unas a su grupo, los sigas en las redes, te unas a su empresa, colabores en un proyecto en común, entre muchas otras cosas. Ellos no buscan darte lo que tu pides o necesitas; ellos buscan persuadirte para que compres o formes parte—y de alguna manera ellos beneficiarse—de lo que ellos ofrecen. Ellos no necesariamente te ofrecen una solución, más bien te crean una necesidad en base a su contenido y logran convencerte de que tú los necesitas. La persuasión es ese balance entre lo que es lógico y lo que es emocional, por ende, es un mecanismo de emociones que se usa a diario, estés o no consciente de que lo estás ejerciendo o te lo están realizando a ti. Si no logras mantener un balance adecuado, es probable que experimentes un desbalance químico en el cerebro. Te lo explico de la siguiente manera: cuando una persona fallece nos desesperamos y nuestras emociones se descontrolan, pero al pasar los días la lógica entra en balance y reflexionas que parte del proceso de vida, es la muerte. Cuando llega el balance adecuado la tristeza puede estar, pero va de la mano con la paz y/o resignación. Entonces, las personas que se adaptan más fácilmente ante los escenarios inesperados comprenden que las cosas ocurren por alguna razón y que debe ser así, aunque no las entiendan por completo y continúan con sus vidas. La adaptabilidad es una de las fortalezas más importantes en una persona.

La persuasión personal es una disciplina que debemos practicar a diario con el fin de no pasar penas con otros o no lograr los objetivos que deseamos. Una buena manera de comenzar a practicar esto es sentarte a escribir todo lo que sientes y todo lo que no sientes. Debes además comparar la persona que actualmente son con la versión de la persona que deseas ser. La comparación sana es cuando lo hacemos con nosotros mismos. Comparar tu "yo actual" con la persona que eras ayer te ayudará a ver si has progresado para bien o para mal. De la misma manera comparar tu "yo actual" con el "yo" que deseas ser en el futuro te mostrará qué aún falta por lograr, cambiar o hacer. Nunca debes compararte con otros porque las experiencias de la vida son como el ADN; cada una es diferente, aunque se parezcan. Todos reaccionamos diferentes a los traumas, obstáculos, experiencias y hasta logros de vida y eso es parte de nuestra formación como individuos. Es por esto por lo que hay personas que ven las cosas malas o negativas como motivación mientras que otros lo ven como la sentencia final. Si no tienes ese balance correcto del cual mencionamos entre las emociones y la lógica, las emociones dictarán las acciones que tomes y posiblemente te paralicen en lugar de hacerte avanzar.

Otra manera de practicar la persuasión personal es que la hablemos. No tanto con la gente, sino más bien puedes mirarte en un espejo y hablar contigo mismo. Hacer este ejercicio es estar de frente al "yo" que posiblemente no estabas viendo. Hay gestos que hacemos y muchas veces no nos damos cuenta porque no siempre logras verte al hablar. Al estar frente al espejo puedes darte cuenta de detalles como: tal vez alzas muchos las manos, no tenemos una mirada fija hacia quién habla, parecemos agresivos o nuestra cara muestra desinterés o distracción si nos cuesta concentrarnos y escuchar al receptor del mensaje. Todo este tipo de cosas las puedes estudiar y observar y no necesariamente necesitas que otras personas te lo señalen. Tienes que venderte a ti mismo, contigo mismo. Cuando observas a profesionales en sus campos, todos coinciden que la práctica y consistencia es lo que ha hecho que sean buenos en sus disciplinas. Lo escuchas de personas que se dedican a las ventas, a los atletas, los actores y artistas; todos se miran y observan sus juegos, sus espectáculos y sus resultados para identificar aquello que hicieron bien y dónde deben mejorar. Al realizar esta práctica descubrirás tu manera de hablar, tu tono de voz y tu forma de proyectar tu mensaje.

Algunas personas recurren a la retroalimentación de otros cuando están en ese proceso de autodescubrimiento. Esto es bueno, sin embargo, es importante que tengas el discernimiento correcto para saber qué parte del contenido debes retener y qué debes desechar. Cuando tienes una buena persuasión personal sabes identificar qué consejo es el efectivo para tu persona y cuál consejo te fue dicho que era dañino y no va contigo. Casi siempre quienes brindan consejos contrarios que son dañinos salen del reflejo de ellos mismos. Hay personas que están gritando a los cuatro vientos no me gustas, pero al final están en un constante disgusto con su propio ser.

Muchas veces lo que tú eres y lo que comunicas va a molestar. Y eso no es malo. Existe algo bien importante que es el arte de molestar. Es un arte que muy pocas personas han entendido y mucho menos la practican. Una de las personas que mejor explica este arte es el publicista y jurado de *programas de telerrealidad*[7] en España, Risto Mejide, en su libro *"#Annoyomics: El arte de molestar para ganar dinero"*. En su libro dentro de los cientos de ejemplos que brinda, habla sobre como la marca Benetton se hizo famosa. Y fue a través de la molestia viral, positiva, y trasgresora. No fue por su estilo de ropa ni fue por la textura, fue por una campaña que hicieron donde incluyeron el racismo. En la campaña había una mujer negra insultando una mujer blanca. Todos los colores de su marca y de su ropa eran los colores que se usaban en los años veinte cuando estaba la Guerra Fría y los negros eran considerados propiedad. Por ende, tienes que comprender que cuando persuadas, vas a molestar a alguien. Si de todo lo que hablamos no hemos incomodado a nadie o no se ha logrado una introspección, no hemos dicho absolutamente nada. Cuando estamos en un evento, en una sala o en una reunión, cualquier cosa que digamos tiene que molestar a alguien. Cuando logras crear una reacción en las personas, es una señal que tu contenido está llegando. La molestia de otros te reafirma que para ellos tu trabajo no es mediocre. Es contundente, tiene impacto. No busques solamente impactar de

---

[7] Conocido como *"reality shows"*

manera favorable pensando que es la única manera de lograr persuadir de manera efectiva. Ten en cuenta que no importa lo que hagas, hay personas que simplemente no lograrás convencer. Cuando te ocurra eso, quiero que te acuerdes de una formula fantástica que me ha funcionado tanto en la vida: el círculo de la vida valga la redundancia. El 25% de las personas en tu vida te van a amar no importando lo que hagas. Hay otro 25%que, aunque ganes la presidencia, dones sangre o un millón de dólares y te van a seguir despreciando y te van a seguir rechazando sin importar las veces que intentes persuadirlos. Por lo tanto, te queda ese 50% de las personas con las que tendrás contacto a lo largo de la vida, que aun desconoces y donde debes poner tu atención y tu empeño para hacer crecer tu cartera o red de contactos, lo que se denomina en inglés como tú *"network"*.

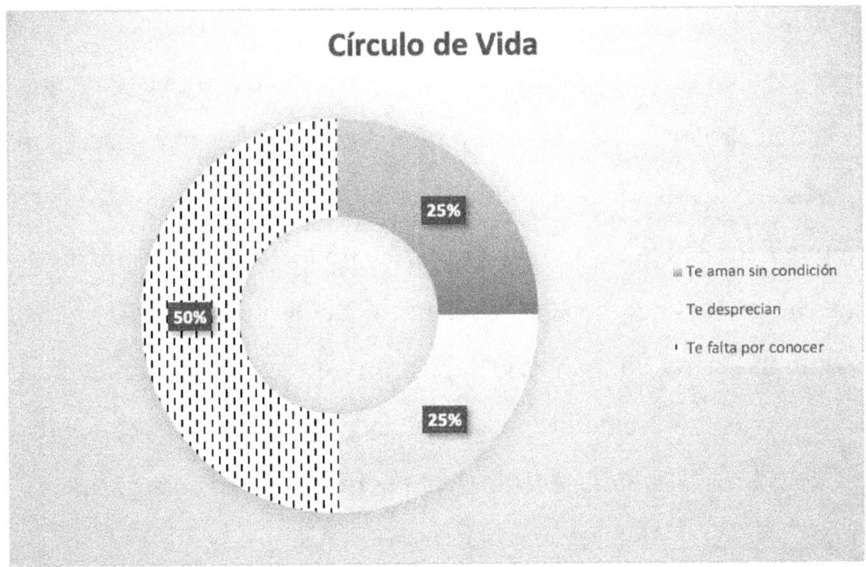

Ese 50% de personas a las que puedes persuadir son aquellas personas que podemos ver en el supermercado, en el gimnasio, en la escuela u oficina. A ese 50% de personas son a las que tenemos que prestar atención. Identificar las personas que pertenecen a cada grupo es un ejercicio muy importante dentro de la persuasión personal para comenzar a molestar de manera inteligente. Hago la aclaración que dentro del arte de molestar está evitar caer en lo absurdo. Esto es hacer referencias a clases sociales, raza, identificación sexual, entre otros. Estas son áreas muy delicadas que no se deben cruzar y son las razones que sin duda destruyen tu carrera profesional. La muestra más clara es como un expresidente se suicidó políticamente ante sus comentarios que atacaban dichas minorías, Donald Trump. Atacar o hacer "chistes" sobre minorías jamás es saludable, y no es representación para nadie. En sí, la vida se trata de balance y de tener buenas estrategias. Por lo que si tengo que resumirte la persuasión personal es saber combinar lo que decimos, con lo que hacemos y quien somos. Tus acciones y tus palabras te hacen llegar a las personas con las que deseas conectar en tu vida. Por lo tanto, dedícate a trabajar contigo mismo para que cuando mañana desees medir si has hecho un buen trabajo logres que aquellas personas que un día admirabas y has admirado a lo largo de la vida, terminen admirandote. Es hacerte imprescindible en la sociedad y que nadie desee que otro ocupe tu lugar. Y aunque lo deseen, sea misión imposible. De eso te encargas tú, ¿Cómo hacerlo? De eso me encargo yo.

KIT DE EMERGENCIA

1. **Para de idolatrar:** Está científicamente comprobado que idolatrar a aquellos que admiras te hace menos propenso a tener contacto físico con ellos. Empieza a humanizar aquellos que admiras y escríbeles. Escribe con intención y con una petición. Escribe con propósito.

2. **Encuentra tú 50%:** El networking es primordial para inclinar la balanza de aquellos que te apoyan y aquellos que no. Ve a un evento e inicia una conversación, eso es más que suficiente. En esa misma noche, conecta a un amigo con esa persona que conociste.

3. **Conecta y sé un Conector:** Aparte de crear alianzas, también sé el trampolín de futuras alianzas y proyectos.

De hecho, siete de cada diez personas tendrán una mejor impresión de ti al verte ayudando a otros a conectar.

4. **No tengas miedo a molestar:** Si al final de tu argumento no molestas a nadie, pues inténtalo de nuevo porque no has dicho absolutamente nada. Al final lo que molesta a los demás son las aristas de nuestra personalidad.

5. **Nunca pares de ser un estudiante:** Los seres humanos no debemos ser esponjas de conocimiento. Absorbe todo, filtra solo lo positivo. Estudia la mentalidad del ser humano, saca posgrados diarios de la universidad de la vida. La única universidad sin fecha de graduación, solo con fecha de expiración, al morir. La única universidad donde no cuelgas tu título en una pared vacía, el título es tu poder de adaptabilidad ante los diferentes obstáculos de la vida. Y si tienes suerte, puedes personificar tu título, dejar la huella de por vida, tener un hijo.

ENAMÓRAME Y PERSUÁDEME

El amor puede ser una droga muy peligrosa. También el escape de muchos, la razón de muerte de otros y hasta el pasatiempo de los jóvenes. Es un sentimiento el cual, si se ausencia o se separa de la lógica, te desbalanceas. Para nadie es un secreto que podemos hacer hasta lo más inverosímil por amor. Estoy seguro de que alguna vez has visto, leído o escuchado las cosas que una persona es capaz de hacer "por amor". Y es que todo lo que sale de balance y entra en los niveles extremos, es peligroso. El amor es la dosis perfecta para entrar en relaciones extremas.

El mismo peligro existe cuando hay un desbalance emocional, nos hacemos más vulnerables y susceptibles. La vulnerabilidad es lo que se necesita para ser persuadidos y lo que otros usan para tomar ventaja. Precisamente las personas que saben que son amadas y son las más allegadas son las más que utilizan esta ventaja para sacar provecho. Lo hemos visto en los medios con personas de la farándula como lo fue el tan polémico caso del actor Johnny Depp y su esposa Amber Heard y en el mundo latino la separación pública de Shakira con el futbolista español, Piqué.

La persuasión por mucho tiempo ha sido malinterpretada y cuando hablamos de persuadir en el amor, el escenario se torna aún peor. La persuasión negativa en el amor ha causado muchos estragos: el machismo, la incomprensión y los celos. Por eso es necesario decirte que la persuasión es fundamental para un crecimiento personal, para las relaciones interpersonales, el mercadeo digital, y hasta la manera de caminar y moverse en la vida. Se necesita poder persuadir en todos los aspectos. Hasta para enamorar.

Tomemos por ejemplo el agua. La misma sirve para mantenernos hidratados y con vida. Es beneficiosa para la salud, trae beneficios en la naturaleza y un sin número de otros factores. Sin embargo, también puede ser utilizada para contaminar el ambiente, crear químicos, y contaminar el planeta. Si lo llevamos al punto de vista más extremo, el agua, el mismo factor que usamos para mantenernos con vida, también es la causa de muchas muertes fatales como el ahogo o la asfixia. El mismo producto puede ser usado de dos formas completamente distintas y cambiar la historia. En este caso, la intención del uso del factor, si altera al producto. Lo mismo podemos decir de la persuasión y la intención de la persona que la utiliza. La persuasión no es mala, es el uso indebido que algunos le dan para obtener ganancias personales, lo que la altera. Y aunque tal vez dirás que la persuasión no debe existir en una relación amorosa, la realidad es que, ya existe, aunque nunca lo hubieras realizado. Cuando convencemos a nuestra pareja a salir al evento que nos invitaron, a comer en tu restaurante favorito, a cortejarla de manera inesperada, a recordarle las fechas simbólicas de la relación para que vea que tan atento eres, al llevarle el desayuno a cama. Allí está la persuasión. A toda hora, en todo momento. En este capítulo aprenderás tres herramientas básicas que son ramificaciones de la persuasión y que las mismas están presentes en las relaciones interpersonales; en especial en las de pareja.

En una relación amorosa no hay nada más excitante y gratificante que saber que somos correspondidos. Eso nos enciende, nos brinca el corazón. Robert Cialdini, experto y precursor de la persuasión decía que como humanos, generalmente buscamos *devolver favores, pagar deudas,* y *tratar a los demás como nos tratan.* Esas son las tres herramientas para construir una relación amorosa efectiva y lo creas o no, en todas hay un grado de persuasión. Sin embargo, estas tres herramientas deben ser aplicadas de manera minuciosa e inteligente. En una relación saludable se debe devolver favores. Y no me refiero a que hagas esto tipo *quid pro quo*[8], de manera seca y sin intención. Agradecerle a tu pareja por su tiempo en esperar que salieras de tu reunión de trabajo y luego llevarla a un lugar que tu pareja disfruta, es sin duda una manera de devolver, de una buena manera, su esfuerzo y energía por haberte esperado ese día. El agradecimiento te llevará a tratar a tu pareja de la manera en que deseas ser tratado y correspondido.

Constantemente estamos devolviendo favores ya que el mismo amor que se siente hace que busques complacerlos de manera constante. La Universidad de Yale reveló en un estudio que las parejas más estables son aquellas donde el apoyo económico y emocional es recíproco y no dominado únicamente por el hombre. Posiblemente harás favores por alguien que amas que no harías por otra persona. Esa, aunque no lo creas es una manera de persuadir. De la misma manera, en una relación de pareja se pagan deudas. No deudas económicas, pero deudas emocionales, esas que son invisibles. Esas deudas pueden crearse cuando la pareja ha

---

[8] Término en latín que refiere a «quid en lugar de quo», es decir, la sustitución de una cosa por otra, «algo por algo»

hecho cosas a favor de nosotros y han creado en nuestro corazón cicatrices emocionales, que muchas veces nos obligan a ceder ante ellos porque sentimos que es nuestra obligación. Cedemos porque queremos pagar esas deudas y deseamos compensar lo que nuestra pareja ha hecho por nosotros.

Por último, y la más importante, tratar a los demás como nos tratan. El sentido de correspondencia y reciprocidad logran formar una pareja estable. La correspondencia es el inicio de una buena relación. Si queremos ser correspondidos, debemos tratar a esa persona de la misma manera que deseamos ser tratados. No lograrlo nos costaría un alto precio incluyendo gastar tiempo, gastar emociones, gastar dinero en alguien que puede ser perfectamente tu amigo o amiga, pero no esa persona en la que buscas ese tipo de correspondencia. Por otro lado, la persuasión en el amor debe ser seguida también por la consistencia.

La consistencia es la clave detrás del éxito prolongado en la vida. Cualquiera puede alcanzar una meta, permanecer en ella es donde muchos caen. Es importante que la correspondencia y la consistencia caminen de la mano. Nuestro comportamiento es coherente a lo que sentimos. Por eso reaccionamos aun sin palabras. A eso le llamamos lenguaje no verbal y hablamos de manera inconsciente. Tus palabras pueden decir una cosa y tu lenguaje corporal otra. De allí nace la neuro oratoria, el cuál es la ciencia que se dedica a estudiar el lenguaje corporal dependiendo de lo que decimos y la manera en que sentimos lo que decimos, vivimos, o escuchamos. Si no hay una correspondencia, dejaremos de ser consistentes. Después de la correspondencia y la consistencia, nace el compromiso. Estas tres C's son claves para persuadir o seducir a una persona que planeas construir una relación amorosa: correspondencia, consistencia y compromiso. Una sigue delante de la otra. Por ejemplo, si estás conociendo a alguien y le invitas a cenar, durante la cena debes tener temas de conversación y tantear la zona es fundamental. Por ejemplo, en la primera cita puede ser difícil identificar los temas de conversación que les resulta de interés a la persona con la que estamos saliendo. Escuchar y analizar el lenguaje corporal es clave para identificar si debemos cambiar de tema o incluso extendernos un poco más y ver hacia donde nos lleva esa conversación. A eso le llamo, tantear la zona. Hablar temas comunes es fundamental para una buena correspondencia. Si notas una correspondencia, se te hará fácil mostrar un compromiso de escuchar a esa persona, por ende, la neuro oratoria se alineará para que haya química. Aunque de algo estamos claros, Roma no se construyó en un día y una relación tampoco. Por eso, es necesario que tomes el asunto con calma y de manera progresiva. La persuasión en el amor debe ser aplicada a pasos de tortuga. No se trata de ser lento, se trata de ser asertivo. No podemos apresurarnos porque las emociones no tienen cronometro, pero sí que tienen alarma. Apenas presionemos a esa persona que nos gusta, la alarma empezará a sonar y despertará un cierto nivel de incomodes en la persona. Si es un polvo lo que quieres, no la lleves a un restaurante. Sé brutalmente honesto. Punto.

Si hablamos del amor y no de matar las ganas en un polvo, como ser humano atraído por otra persona buscaremos la manera de recibir el mismo amor, la atención, los detalles y el esfuerzo que hace, de parte de la otra persona. No necesariamente se hace un favor esperando otro a cambio, pero en una relación la reciprocidad es esperada. Cuando no se recibe esta reciprocidad, esto pudiera detonar la mala implementación de la persuasión. Nuevamente, así como en el ejemplo del agua, algo bueno con las intenciones incorrectas, puede ser dañino. Así que, con las buenas intenciones de obtener y mantener una relación amorosa saludable, es necesario saber que quién está enamorado, con su amor también logra persuadir, sea para conseguir placeres pequeños dentro de la relación, lograr un proyecto juntos, entre otras visiones de pareja.

UNA HISTORIA DE AMOR JAMÁS CONTADA

Mi vida personal es más privada que tu clave de banco, más traviesa que un niño con su juguete favorito y más desastrosa que la Segunda Guerra Mundial. Es una avalancha de emociones que la mayoría de las veces no suelo exponer. Durante mis inicios en la secundaria y comienzos como figura pública, siempre me prometí crear una línea invisible entre lo público y lo privado. Cuando hablamos de vida pública y privada, estamos siendo muy abstractos y ambiguos. Hay que definir mejor esas dos palabras, que abarcan casi todo el Atlántico.

La primera vez que me topé con el amor y conocí el impacto que tiene en nuestra vida, fue leyendo el libro *"El coronel no tiene quien le escriba"* de uno—para mí—de los mejores escritores que ha parido Latinoamérica, Gabriel García Márquez: *"La vida se define en tres dimensiones: pública, privada e íntima"*. A los doce años, mi primer cruce con el amor no fue haciéndole ojitos a la chica más guapa de primaria, fue leyendo a carne viva lo que significaba el amor propio. Desde ese día empecé a llevar mi vida así, con esos tres pilares en mente. La vida pública es todo aquello que queremos mostrar con el fin de comunicar un mensaje, sea bueno o malo, lo importante es que sea efectivo. Todo lo que digas en público, puede ser tergiversado y usado en todos los ámbitos de tu vida para beneficiarte o hundirte. La vida pública es como un juego de ajedrez. Después que mueves una ficha, ya no hay vuelta atrás y te toca jugar con los movimientos que tengas para evitar el jaque-mate. Por otro lado, la vida privada es todo aquello que por pudor decidimos no contarles a las personas que nos siguen, pero sí a nuestra familia, amigos, pareja o a esa persona que nos genere confianza.

Ahora, tu vida íntima es el lado oscuro de cualquier ser humano. Esa que no compartes con nadie, sino contigo. Cuando digo nadie, me refiero a nadie. Ninguna persona en el planeta, sino tú. Este "nadie" no puede ser sustituido por madre, padre, mejor amiga o prima. Tu vida íntima mantiene tu esencia, atesora tus temores, esconde tus pecados y contigo mismo disfrutas todo aquello que te causa placer. Lo íntimo es eso que a nadie le importa, y que para ti significa todo. En pocas palabras, definir tu vida pública, privada e íntima te ayuda a valorar el poder de lo que dices. Esa importancia palpable ante la reacción de aquel que te escucha sobre tu mensaje e intención.

Durante mi primera entrevista en televisión nacional para los Estados Unidos, la productora del noticiero, robusta, de estatura baja, con lentes extravagantes y una voz rasgada me comentaba entusiasmada:

- Luis, aparte de todo lo que haces, hablaremos de tus travesuras como joven, tus pasatiempos, si sales de fiesta o tienes pareja. ¿Te parece?

Mi respuesta fue clara, concisa y contundente. Sin titubeos. Sin darme cuenta, estaba creando mi marca personal y marcando un precedente en pleno *prime time*[9] sobre la visión tan errónea que se nos da a los jóvenes.

- No. A las personas con propósito no les importa con quien me acuesto, si me drogo o que hago con mis amigos. Eso es alimentar estereotipos. Conmigo no va eso.

La productora me mira atónita y su cabeza daba vueltas pensando como un joven de dieciséis años le estaba diciendo—en otras palabras—que le importaba una mierda proyectar una imagen falsa de un joven actual. Sorprendida por mi respuesta asintió diciendo:

- Tienes razón. Sé tú. Es todo lo que te pido.
- Es lo único que recibirás de mí – Contesté.

A muy temprana edad ya empezaba a definir mis límites. Si tu misión es convertirte en alguien imprescindible, debes ser público. Antes de convertirte en figura pública por tu trabajo, debes ya tener definido tus tres facetas de vida. Darles de comer a los medios lo que tú quieres que consuman día a día, no que ellos dominen tu esencia por más fama. He vivido la fama antes, he dejado de tenerla y vuelto a vivirla, es como el champan. Se disfruta mientras estas

---

[9] Expresión inglesa usada con frecuencia en el lenguaje de la radio y la televisión para designar la franja horaria de mayor audiencia.

arriba, entendiendo que las burbujas van a descender, poco a poco. Ya está. La única diferencia es que mis seguidores tienen treinta años más que yo. Después de estar años en televisión y radio, me han permitido drenar. Ya nada me agobia. Antes una entrevista era mi peor calvario. Ahí está la inteligencia emocional, convertir tu calvario en algo que ahora disfrutes hacer. Eso se logra con la consistencia, la práctica y haciéndolo a tu manera, como te salga, sin copiar a nadie. Si copias, ya se convierte en trabajo. Si lo sientes como trabajo, empieza el calvario. Así que antes que los medios de comunicación borren tu identidad, inventen cosas de ti, y desgarren tu alma, es fundamental que firmes un contrato personal contigo mismo y definas que quieres para ti, que quieres que otros vean de ti, y el por qué quieres que sepan eso de ti. Al definir eso cuánto antes, empiezas a formar una marca personal respetable. La consolidación de tu marca lo determinará la consistencia de lo que dices con lo que haces, las polémicas disruptivas que son necesarias y el nivel de influencia o capacidad de conexión que tengas con todo aquel que te escucha.

El amor de pareja no es mi fuerte. Al menos no lo es en mis veinte años. Es lo que menos sé hacer, soy tan torpe enamorando a alguien. Algo que tengo a mi favor y que siempre defenderé más que un tejano protegiendo su derecho a portar armas, es el amor propio. El amor propio siempre ha estado, en exceso. Si de algo me considero un completo inútil, es enamorando a alguien. El amor es un contrato individual que luego se convierte en consentimiento y complemento con ese otro u otra. No podemos amar del todo si no hemos firmado un contrato de amor propio que incluya nuestras clausulas, políticas, y limitaciones. Cuando ya firmas ese contrato contigo mismo, no hay vuelta atrás. Lo que te queda es extenderle ese contrato a la persona con la que quieres compartir tu vida. Aquí no hay negociaciones, no hay rodeos. Si permites que te arrebaten una de tus políticas personales, pierdes. Estarías entregando tu independencia, libertad y tu amor propio sin ninguna razón. Punto. Y sí, capaz nunca termine casándome, capaz sí. No lo sé. Al final, no me quita el sueño si tengo pareja o no. Empezaré a tener pesadillas si empiezo a borrar, modificar o cambiar mi identidad para satisfacer a otro. Eso sería vivir el fracaso consciente más humillante de mi vida.

A lo largo de mis indetenibles veinte años de edad, he visto parejas disfuncionales, parejas "perfectas", que se convierten en las más letales. Y, a decir verdad, he perdido la cuenta con las personas que he estado. He vivido a plenitud, he aprendido con el tiempo a despojarme de etiquetas. He estado con hombres y mujeres, menores y mayores, bajos y altos, pobres y millonarios, vacíos de mente y superdotados. Jamás me he definido como parte de una "comunidad". Soy una persona que cree en Dios, que todos carecemos y padecemos igual, creo que no todos merecemos vivir igual pero sí debemos tener las mismas oportunidades y también creo que detendremos tanta discriminación cuando paremos de crear grupos que terminan dividiendo aún más a la sociedad. Nos segmentan, a nombre de la inclusión, que más que nunca, es disfrazada. En realidad, en mi vida, todas las oportunidades y personas que se han cruzado por mi camino han sido a través del trabajo o el estudio. He conocido a todas mis relaciones trabajando o estudiando, mi primera entrevista fue haciendo un acto benéfico para el condado de Miami-Dade. Mi primer premio fue como recompensa de mis estudios al tener el promedio más alto en la escuela. Mi mejor amiga la conocí en la última entrevista a una pasantía. Yo he elegido mi vida de esa manera, que mi vida gire en torno a lo que amo hacer, mi trabajo. Una relación que jamás olvidaré fue aquella que tuve con Carla Echevarría. Conocerla me hizo reafirmar algo cliché y algo no tan cliché. Cliché: En el lugar menos esperado puedes encontrarte al amor de tu vida, la razón de tu alegría o la persona que construirás un futuro. No cliché: Los mejores polvos de tu vida los consigues en los lugares más esperados. La vida es así, juega con la razón y nos enseña cada día que los sentimientos están allí a flor de piel y cuando empiezas a analizar el por qué amas, pierdes. El amor es así, la vida igual; de dejarse llevar. Eso le pasó a ella. Me pasó a mí. Nos pasó. A Carla y a mí. Nos conocimos en una conferencia, ella de audiencia, yo de invitado especial. Ella llegaba tarde a la conferencia, con un amigo. Yo llegaba tarde, agarrado de la mano con otra. Estaba seguro de mi relación hasta que vi a Carla de refilón. Desde allí, esa mujer que estaba a mi lado pasó a ser otra. Así lo sentí, cuando vi a Carla, encantadora.

KIT DE EMERGENCIA

1. **No tengo que mantenerte:** Así, a la yugular. Una pareja no es tu tanque de gasolina energética, tu banco, tu aparato sexual y para de contar. La dependencia es una de las principales causas de divorcio y también la primera señal de una muy baja autoestima. No hay razón alguna que excuse el hecho de que seas usado. Si lo permites, es porque aún no has identificado lo que vales, estas ciego. La pareja es de dos y el amor es de intención. Puedes llenar a tu pareja si tienes la intención, lo enfermizo es que la intención venga siempre de ti o de tu pareja porque no te estas autorrealizando, estás autoexplorándote emocionalmente.

2. **La individualidad en pareja:** No confundas la pareja con ser el jefe de ella. La individualidad siempre debe reinar en una pareja. No te necesito para ser feliz y viceversa, nos complementamos, pero no llenamos nuestros vacíos.

3. **No debo revisar tu teléfono:** Con tan solo pensarlo ya es sinónimo de celos enfermizos, inseguridades, machismo y miedo a ser rechazado. No existe una razón sana para revisarle el teléfono a tu pareja. La ecuación es fácil: Si tu pareja no te da confianza, no es ahí. Así como hubo su proceso para enamorarse, tú mismo también puedes empezar tu proceso de separación. Porque te hace daño, no te deja dormir pensando en si te está traicionando, no te deja ser feliz, te ahoga emocionalmente. No es ahí. No hay persuasión que valga cuando ya la confianza está hecha añicos.

4. **No me invalides mis sentimientos:** Esto es muy común en las personas narcisistas. Estar con una pareja narcisista es como estar con un machista o un alcohólico. Primero, ellos no ven su comportamiento. Segundo, son los únicos patrones de conducta donde el placer de ellos está en

destruir al otro. Son las únicas enfermedades donde el enfermo no sufre, sino todos a su alrededor. No permito que ninguna pareja trate de invalidar como me siento. Esa frase de: "Mi amor que drama, no te sientas así", es bandera roja.

5. **Respeta cuando diga NO:** Es claro, conciso y contundente. No hay términos medio, no hay grises, ni filtros. Esto tampoco se trata sobre un tema serio "tonto". Tiene la misma contundencia y significado en todos los ámbitos posibles. Incluso, el NO es la mayor señal de confianza que podemos demostrar. No tener miedo a decir que no quieres. El aceptar el NO de nuestra pareja con compasión y amor es el mayor acto de respeto y honradez que le puedes demostrar a tu pareja. Olvídate de atajos, solo respeta cuando te diga NO y con el tiempo, aprende a identificar las causas de ese NO.

6. **No eres quién para hacerme dudar:** Que te hagan dudar es la bandera más roja que te puedan reflejar. Dudar de tus capacidades, de tus acciones y sobre todo hacerte sentir culpable de los errores de tu pareja. Yo quiero alguien que

me refleje amor y me acepte tal como soy, sin filtro. Que me ponga a dudar mi trabajo o mi camino al andar, no es la persona que se acuesta conmigo. Punto.

Al final, el amor consiste en ser feliz. El amor no es un compromiso con la sociedad, debe ser un reflejo emocional de cuánto te amas y valoras. El amor es una de las pocas cosas que tenemos absoluto control; últimamente hemos estado permitiendo que la sociedad decida por nosotros a quien debemos amar. Ama sin piedad, sin miedo y sin etiquetas. Nunca te detengas a intentar algo nuevo. Condúcete hacia lo que te hace feliz, no hacia lo que tus padres te indiquen o la sociedad te apunte. Haz como yo, en el amor he hecho lo que me ha dado la gana. He estado con mujeres que me doblan la edad, hombres con quince años de diferencia, he besado a una mujer que conocí en un bar, me he acostado con una persona no-binaria, he vivido el amor a través del FaceTime y me vivo enamorando cada vez que veo a cualquier persona con inteligencia y criterio. Las personas que dejan vivir a otros sin prejuicios dirán que he vivido la vida a plenitud, los que dejan que la religión les domine hasta la manera de andar, me llamaran bisexual.

Desde luego, quiero un mundo sin etiquetas, aunque sea imposible de lograrlo porque el racismo y la discriminación parecen estar en nuestro ADN[10].

---

10 P.D: Enamórate usando la lógica. No te ciegues. El exceso de amor también es una razón de divorcio.

ESPEJISMO LINGÜÍSTICO

"La repetición al hablar es tu oxígeno. Mientras
uno dispara con más información, tu solo repite
lo que dijo, para que se sienta comprendido
mientras intentas salir de tu ola de pensamientos"
Chris Voss

¿Alguna vez has estado frente a una persona que comienza a bostezar y de manera inmediata comienzas a bostezar también? Sucede en el 90% de las personas que lo viven. Esto se debe a que tenemos unas neuronas en el cerebro que se llaman "neuronas espejo" las cuales se dedican específicamente a servir como imitación de aptitudes. Ellas posibilitan configurar relaciones simétricas y asimétricas a partir de la mímica, incidental o intencional. Por ende, se realizan conductas basadas en la mínima diferencia respecto de las percibidas, como también, al contagio emocional y a la empatía. Un clásico ejemplo sobre esto es durante los años formativos de un bebé. Es muy común que los niños empiecen a imitar, de manera inconsciente, aptitudes como la forma de caminar, los gestos, y hasta la manera de comer de uno de sus padres. Cuando escuchamos a padres decir: *"Es que es idéntico a su padre"*, pues proviene de ese comportamiento involuntario que nos lleva a imitar ciertos movimientos o reacciones. Estas neuronas ubicadas en nuestro sistema nervioso central que se encargan de imitar son claves para desarrollar un patrón de conducta exitoso. Lee un capítulo de este libro por día y en doce días ya me has devorado. Hazlo durante doce meses y verás como a final de año terminarás hablándoles a todos como un nato de la persuasión. Ser disciplinado y tener un propósito claro son los patrones de personalidad que alimentan a nuestras neuronas espejo. Sin duda, el cerebro es un mundo y aunque no las activemos de manera intencional, no significan que no existan. Para estas neuronas espejo, su gasolina es la oxitocina. Estas neuronas se alimentan a través de la escucha de historias. Las historias es algo que nos ha acompañado desde los inicios de nuestra niñez. Con el pasar de los años, nos anclamos a la curiosidad de escuchar nuevas historias y la necesidad de diseñar la narrativa de la nuestra. Está comprobado científica y neurológicamente que las historias nos hacen producir oxitocina, la hormona del amor. Cuando nosotros sabemos utilizar las historias para vender y persuadir de forma positiva nos volvemos más efectivos en el arte de persuadir y afectivos con las demás personas a transmitir genuinidad en el *delivery*[11] de nuestra historia.

Las neuronas espejo se encargan de conectar tres factores: la empatía, la conexión instantánea entre la persona que habla y la que escucha y la mímica. No importa si has conocido con anterioridad a la persona, si estas neuronas se activan y continúas alimentándolas a través de la práctica, podrás imitar comportamientos de esta persona desde su risa hasta su acento. Todo el mundo lo aplica, pero no necesariamente se dan cuenta. Es un espejismo inconsciente y para eso estoy yo; para introducirte a otra zona desconocida en este libro: el espejismo lingüístico.

El espejismo lingüístico es uno de los factores más importantes para saber persuadir adecuadamente. No podemos ser títeres de la comunicación, claro está. Pero sí conectar repitiendo los patrones de conducta del que tienes al frente ya que los hace pensar que están siendo comprendidos y escuchados. Se encarga de reflejar las palabras que han sido dichas al oyente dentro de una conversación bajo repeticiones intencionales con un fin específico. Las mises de belleza son las expertas en este tema. Cuando les dicen al conductor del certamen de belleza, *"¿me podría repetir la pregunta?"*, no es porque sea bruta ni lenta, es porque esa

---

[11] Consiste en la manera en la que relatamos nuestra historia.

simple pregunta de repetición engancha a medio país que la está sintonizando. Este arte se trata de usar las palabras dichas por el propio receptor. Recordemos que este arte se trata de repetir las últimas tres palabras dichas por aquel que te está hablando para obtener información sin tu proporcionar ningún contenido original o revelar nada sobre ti, conocido en mi diccionario como un reciclaje verbal. Reciclas todo lo que escuchas y lo usas a tu favor para seguir teniendo más información. ¡BINGO!

Este tipo de estrategia resulta muy efectiva en varios aspectos cotidianos como lo puede ser para una entrevista de trabajo, si deseas obtener más información de una persona, y hasta para las campañas políticas. Por ejemplo, supongamos que estás trabajando en una campaña política y quieres obtener información de tu competencia, la mejor manera de obtener información es aplicando el espejismo verbal. ¿Cómo lo aplicas?, repitiendo las últimas tres palabras de cada oración a medida que vas sosteniendo una conversación con esa persona. Es decir, si en la conversación esa persona te dice: *"Nuestro candidato defiende los derechos fundamentales de nuestra nación como el aborto y el matrimonio igualitario"* y tú le contestas *"¿El aborto y el matrimonio igualitario?"* Al repetirle esas últimas tres palabras estarías obligando a la otra persona a que te faciliten más información sin tu darle ninguna de tu parte. Utilizas su misma información para sostener el diálogo y a su vez obligarlos a continuar hablando y por ende recibirás más información, capaz la que andabas buscando al empezar la conversación. Lo mágico de esta herramienta de la persuasión es que la persona está tomando la misma información que recibió y solo está repitiendo las palabras del otro. El espejismo verbal sucede de manera inconsciente en cada persona, ya que son respuestas automáticas dictadas por nuestros neurotransmisores al sentir esa necesidad de hacernos entender con el otro. Eso es lo que nos genera expandirnos con más información con la única intención de hacernos entender. Al hacer eso, estamos dándole nuestras cartas al otro para que nos analice más de la cuenta. Para hacerlo menos notorio, solo añade una onza de carisma y un tono de natural curiosidad para continuar el rollo. Y en ese rollazo, estás persuadiendo a la persona que siga hablando sin que ellos se den cuenta. Este tipo de táctica se usa mucho entre los agentes de la policía y detectives durante sus interrogatorios forenses para capturar posibles sospechosos en casos criminales. Es a través del espejismo lingüístico que terminan descubriendo evidencia adicional para los casos y en ocasiones confirman las mentiras y contradicciones del sospechoso. Sin embargo, esto no solo aplica para profesionales o aquellos en el campo de las leyes. De hecho, esto funciona en nuestra vida cotidiana. Es más, te han aplicado esta técnica en tu cara y ahora es que te vienes a dar cuenta que no solo se trata de abrir los ojos… ¡sino los oídos!

Un artículo publicado por BBC[12] indica los resultados de un estudio investigativo donde aquellas personas en la industria de los restaurantes que sirven al público y que les repiten su orden a los clientes tienen mejores resultados y mayor probabilidad de recibir propinas más altas al finalizar su servicio, que aquellos que no lo hacen. Esto principalmente se debe a que la persona que ha dictado su orden siente que se le ha escuchado y que se le prestó la debida atención. Vuelvo y repito, una de las ideas y sentimientos más poderosos que ha movido la humanidad: la empatía. Esa pequeña acción es capaz de persuadir a las personas a realizar una acción de agradecimiento al mesero sin ellos darse cuenta. El espejismo lingüístico se trata de afirmar lo ya antes dicho de una manera empática y en acuerdo con el mensaje principal que quieras trasmitir. En otras ocasiones, el espejismo verbal requerirá hacerse pasar por idiota y que no te importe lo que digan los demás porque tienes una misión por cumplir: encontrar más información. Por otro lado, en nuestro día a día, podemos aplicar esta técnica a la hora de buscar empleo. En el área laboral—especialmente cuando estamos buscado la oportunidad de obtener una posición nueva— es importante tomar la descripción del puesto y poner atención a los requisitos y cualidades que exigen. Al momento de enviar el currículum o *resume* como se dice en inglés, debes asegurarte de

---

[12] Los trucos psicológicos con que los meseros sacan una mejor propina–BBC News Mundo http://www.bbc.com/mundo/vert-fut-36779605

que en la descripción de tus empleos anteriores, coloques palabras claves—o lo que llamo palabras de acción—que aparezcan en la sección de requisitos y cualidades del candidato ideal que andan buscando. Tomemos el siguiente ejemplo de una publicación real:

Se Busca Asistente Administrativa – Recepcionista

Descripción de Puesto

Asistir a la Administración en asuntos de órdenes de mantenimiento y cobro de renta. Registro diario de reportes órdenes de mantenimiento. Atender al público en asuntos del proyecto. Recibir y canalizar llamadas telefónicas al personal correspondiente. Recibir, ponchar y distribuir la correspondencia de Oficina Central. Proceso de cartas certificadas y envíos por medios de correo. Envío o entrega de cheques a los suplidores y/o Proyectos. Archivo de documentación en los expedientes de los residentes y suplidores. Asistir en documentos de nóminas. Cualquier otra tarea que le sea asignada por su Supervisor.

Requisitos del Puesto

- Habilidad y experiencia en computadoras y sistemas de oficina.

- Capacidad de estar tiempo prolongado usando teclado, ratón y monitor.

- Habilidad con los números, cuadro telefónico, agenda, calendario, tomar nota, seguir instrucciones verbales y servicio al cliente.

- Ser empática/o y paciente.

Es decir, si en la descripción del puesto dice que están buscando a un candidato que trabaje bien bajo presión, que domine más de dos idiomas y que sea especializado en ciencias, el currículum que estamos sometiendo debe incluir estas palabras en nuestra área de habilidades y destrezas que fueron mencionadas por el empleador. Si miramos el ejemplo arriba señalado, las palabras claves que deben estar en nuestro currículum en parte deben ser alguna de las que ellos mismos mencionan en su descripción de puesto. Esto hará que, si la empresa está evaluando dos candidatos con la misma experiencia laboral o preparación, esto es una forma de persuadir ya que las palabras claves serán las que te distingan como candidato y te ponga en ventaja contra los demás. Ellos verán un currículum casi igual a la descripción del puesto—aquí está el espejismo—. Es decir que, el espejismo lingüístico no se limita a conversaciones orales, también tiene diversas formas de aplicación. También, es importante reconocer tu talento. Aquella combinación entre lo que te gusta hacer, que se te dé bien y que puedas vivir de dicho talento. Es por eso por lo que la mayoría de los empleos empiezan sus ofertas laborales señalando: "Se busca talento", "Buscamos talento", "Se requiere talento".

Este arte de persuadir es una habilidad que se desarrolla y se practica para poder dominarlo de manera natural y constante. Una vez creas conciencia de este lograrás ver el impacto que tiene no solo a quienes se lo estás aplicando, sino también sobre ti mismo. Es ideal para romper el hielo en una conversación cuando estás hablando por primera vez con una persona. Esta técnica te ayudará a romper con personas que le denomino *"personas murales"* Hay personas que son muy monosílabas y cuando le haces una pregunta tienden a responder con respuestas cerradas: (si), (no), etc., se comportan más frívolas que un agente de inmigración y más místicos que un tesoro perdido y esa desconexión a veces se siente como un portazo en tu cara. Esas personas pueden desesperarte, pero aplicando esta forma de espejismo al repetirle la información que ellos están procesando en su cerebro te ayuda a ti a obtener un poco más de información y por lo tanto, los anima a que la conversación fluya. Por otro lado, el espejismo verbal ayuda mucho en los eventos sociales considerados como *"networking"*[13], reuniones y actividades donde la interacción verbal es necesaria. Este tipo de persuasión aumenta la interacción entre personas especialmente cuando nadie nos conoce, por lo que es una manera ideal para conectar con la gente. Por ejemplo, nuestras neuronas están diseñadas para escuchar y colectar información de solo el 20% de lo que se nos dice. La mayoría de la información que recordamos es porque nos beneficia, enseña, o va en contra de nuestra manera de pensar. Cuando estes aburrido de escuchar a

---

[13] Práctica desarrollada por profesionales –independientemente de que trabajen por cuenta propia o ajena—, que busca crear y aumentar una red de contactos.

alguien, o estes perdido en la conversación y no le estás prestando la atención debida en la conversación, el espejismo lingüístico sin duda alguna es tu único salvavidas. Al repetirle esas últimas tres palabras, la persona sentirá una validación de la conversación y tú serás recordado por esa persona. El espejismo lingüístico te ayuda a ser recordado ya que estabas usando palabras y gestos que ya esa persona estaba pensando en su cerebro. Claro está, no es que de cada oración tú vas a repetir las últimas tres palabras. Debe de haber una fluidez y sentido con lo que estás hablando ya que, de lo contrario, la persona se dará cuenta que hay algo extraño en tu método de conectar, y la alejará. La conversación debe fluir de manera natural. Es por esto que lo ideal es poner esto en práctica entre amigos o familiares antes de aplicarlo en un evento importante con personas desconocidas.

Es muy importante resaltar lo hermoso de las diversas dinámicas que se pueden dar en conversaciones efectivas. Fui criado bajo una cultura más interrogativa como la de mis padres donde la sobre comunicación—el exceso de información— era esencial. Era consciente que salir con alguien era prepararme para la avalancha de preguntas. Comenzaba el interrogatorio, con nada de espejismo alguno: ¿Con quién? ¿Para dónde? ¿Qué van a hacer?, entonces no era necesario emplear un método como este porque sin la debida información, no había salida. Sin embargo, en estos tiempos donde hemos evolucionado como sociedad y los padres se han dado cuenta que estas preguntas crean desconfianza y rompe las relaciones con sus hijos, es sumamente crítico tener herramientas como estas para poder lograr una interacción más afectiva y con las que puedas lograr obtener más información y cercana. La persuasión es algo tan importante, pero algo que mucha gente desconoce. De hecho, menos del 1%—alrededor de 100,000 personas— de la población mundial colocan la palabra persuasión como una de las habilidades en su hoja de vida o resumen curricular cuando la realidad es que esta destreza es compatible con cualquier carrera que decidas ejercer. Sin embargo, en esta era donde la tecnología tiene un papel protagónico en nuestro estilo de vida, la persuasión está en primera fila. En cada contenido que ves, hay una estrategia detrás. Parte de la estrategia, es persuadir. El mayor persuasor de la era es el algoritmo en redes sociales. Si te empiezan a salir publicidades o anuncios sobre mis cursos de persuasión, no es casualidad. Es el algoritmo que parece estuviese engranado a la perfección como tus neuronas espejo. En las redes sociales todo se trata de venderte a ti mismo, ya sea para que te sigan o para que te compren. La persuasión es algo que se practica a diario ya que nos estamos vendiendo todos los días del año, de manera consciente o inconsciente. El espejismo lingüístico y la persuasión te ayuda a agregar credibilidad a lo que estás diciendo, y sin credibilidad no puedes persuadir. Sin persuadir no hay un impacto; sin ese impacto no estás causando ningún tipo de emoción en el ser humano. Una vez más, la persuasión es un mecanismo de emociones.

Aunque existe una línea muy fina entre persuadir y manipular, la realidad es que la persuasión bien aplicada te puede ayudar de manera efectiva a la hora de comunicar. Se trata de saber identificar cuál es el momento ideal o cuál es el momento perfecto para aplicarla y causar una emoción diferente en la otra persona. La emoción es el escudo que usamos ante cualquier guerra. La guerra empieza a través de un cansancio emocional de una tiranía. Las emociones son las que mueven a los seres humanos.

La Emoción Lleva a La Acción

Podemos ser una persona muy sabia, pero si no logramos conectar con otra persona y le añadimos un poco de carisma a lo que decimos, no estamos impactando a nadie. ¿Cuántas personas en el mundo no se han quitado la vida porque sentían que no eran escuchados? ¿Cuántas parejas no han terminado en divorcio porque se sentían ignorados o incomprendidos? Por lo que el espejismo lingüístico te ayuda a ser más convincente ya que uno de los mayores placeres de la vida es sentirse validado y escuchado. Cuando estamos entablando una conversación y a la misma vez usando el espejismo lingüístico, cualquier cosa que digas será bien aceptado porque ya causaste una impresión en aquel que te escucha, el oyente. Ismael Cala decía que "el consejo del buen hablar es saber escuchar." Primero hay que escuchar para luego poder hacer la mímica y entonces persuadir. Las personas que se sintieron escuchadas por ti, nunca te olvidarán. Es por ello por lo que vamos a continuar estudiando las diferentes formas de persuadir porque cada una de ellas es una herramienta que puedes usar para poder ser recordado, único, y sobre todo vender sin ni siquiera pensar en ello. IMPRESCINDIBLE.[14]

---

[14] 02:53 AM: Hasta esta página me encontraba escribiendo este libro sin título alguno. Esta fue la página, el día y la palabra que escogí para escribir más tranquilo, más seguro, con un título final.

En las siguientes páginas verás ejemplos de situaciones comunes donde puedes aplicar el espejismo lingüístico para obtener mejores resultados.

1) En un conflicto entre pareja:

Persona 1: "¡Tú nunca haces nada! Siempre tengo que botar la basura yo."

Persona 2: ¿Siempre tienes que botar la basura?

Cuando le repites a la persona el malestar que siente usando su misma información que te brindaron, abres el camino para que puedan darte más información de cómo se sienten y poder desarrollar mejor la conversación para llegar a acuerdos y negociaciones. La clave de este ejercicio es lograr una mejor comprensión de los sentimientos de tu pareja, saber que pasa dentro de ella, entender su frustración y por ende, buscar una comunicación estable.

Recuerda no responder de manera defensiva, sino más bien seguir repitiendo su sentir hasta llegar a común acuerdo entre ambas partes.

2) En eventos profesionales y círculos sociales:

Persona 1: "Hola! Un placer, mi nombre es Luis Moros y me dedico a la política"

Persona 2 (usando espejismo): "¿Te dedicas a la política?

Persona 1: "Si. Desde pequeño me ha interesado el orden y la justicia"

Persona 2: "Wow, eso suena super interesante. ¿El orden y la justicia?

Persona 1: "Si! Qué bueno que me preguntas. Para mi tanto el orden como la justicia son parte fundamental de una democracia estable"

Si te das cuenta, el único factor común en todos los ejemplos es la repetición de las últimas tres palabras. Reitero, no estás proveyéndole ningún tipo de información al oyente, solo estas reciclando información que ya ha sido pensada, dicha y procesada por el oyente. Reciclamos información, obtenemos detalles sobre la vida del oyente, y al final usamos estos detalles para persuadir, influenciar y conectar genuinamente con la persona que tenemos al lado. Como consecuencia, serás recordado por validar la información del oyente.

> **3) Al entablar un debate con una persona:**
>
> **Persona 1:** "¡Creo que la reacción de Estados Unidos sobre la invasión de Rusia a Ucrania ha sido muy floja"
>
> **Persona 2:** "¿Crees que hemos sido muy flojos?
>
> **Persona 1:** "Si, como país nos hemos dedicado a solo mandar dinero sin importarnos los miles de vidas que han sido arrebatadas en Ucrania. En eso no estoy de acuerdo. Debemos mandar tropas cuanto antes."

En este ejemplo, nos podemos dar cuenta qué importante es el reciclaje de información para poder persuadir. Es importante en la persuasión saber entablar preguntas. Para persuadir no necesitamos dar explicaciones, eso nos los provee el oyente. Como persuasores natos, debemos saber formular preguntas abiertas, si eres abierto, le estas abriendo las puertas al que te escucha para que te persuada o para que solo te haga sentir que estas siendo escuchado. En nuestro caso, a persuadir.

Si no le hubiese preguntado sobre la supuesta flojera de los Estados Unidos en respuesta a la guerra, la conversación se hubiese tornado turbia y en una trivial discusión política por diferentes puntos de vista. Sin embargo, decidí preguntar e indagar el por qué. Ya con este ejemplo sabemos que el oyente cree que Estados

Unidos es flojo porque simplemente no han iniciado una acción militar. Esta información es fundamental para empezar a darle las razones necesarias para que el mismo compruebe que su teoría es fallida, según tu. Recuerda que la persuasión no se trata de verificar quien tiene la razón; de hecho, se trata de que otros a través de las herramientas que tú les estas proporcionando, te den la razón. En la actualidad, la razón es subjetiva. Lo que importa es que te la den, y que te la compren.

> **4) En entrevistas de trabajo:**
>
> **Entrevistador:** "Gracias por asistir a nuestra entrevista ya que estamos buscando al candidato ideal para nuestra empresa. Nuestra empresa se encarga de la compra y venta de propiedades. Por lo tanto, buscamos a una persona que tenga experiencia en comunicaciones, sea bilingüe, y que sea experto en redes sociales y audiovisuales"

La mejor técnica para llevar a cabo esta entrevista de manera exitosa es que no permitas que sea una entrevista. Si, leíste bien. No puedes dejar que una entrevista finalice siendo lo que es: una entrevista. Un buen comunicador tiene la habilidad de transformar la entrevista en conversación. Como entrevistado, juega con las palabras para hacerlos viajar a través del tiempo. Como buen persuasor, tu contenido en la entrevista debe tener emoción: humor, resiliencia, y un llamado a acción, lo que los americanos llaman *call to action*[15]. La mejor manera de hacerlo es reciclando la información ya proporcionada, usando el espejismo lingüístico. En este ejemplo, las palabras claves son: compra, venta, bilingüe, redes sociales y comunicaciones.

Entrevistado: "Muchísimas gracias por permitirme ser parte de esta oportunidad. Mi nombre es Luis Moros, egresado cum-laude de la Universidad Internacional de la Florida. Las cualidades que buscan en su empresa han sido habilidades claves en mis previas posiciones. Durante mis cinco años de experiencia en marketing, he tenido experiencia como vendedor en ambos mercados tanto el anglosajón como el mercado hispano. Aparte de trabajar en una empresa de bienes raíces, tuve la oportunidad de trabajar en el departamento de mercadeo y redes sociales en una empresa transnacional con sede en América y Europa".

Allí estás nombrando de manera invisible todas las palabras claves y esenciales de dicha posición de trabajo. Este caso es un caso de la vida real, cuya persona tuve el placer de asesorar antes de su

---

[15] Es una llamada a la acción mediante la que se busca atraer a usuarios potenciales hasta convertirles en clientes finales a través de una pieza gráfica o enlace con un fuerte poder de atracción.

entrevista. Esta entrevista a la que se enfrentaba era con el monstruo de las comunicaciones: Google. Hoy por hoy, trabaja allí como gerente del departamento de innovaciones tecnológicas. ¡BINGO!

KIT DE EMERGENCIA

1. **Empieza tu historia por picos emocionales:** Uno de los mayores errores al contar una historia es narrarla de manera cronológica. Realmente, no me importa cuando naciste o cuando llegaste al país. Me importa saber cómo lo hiciste y por qué. Y para responderme eso, necesitas contármelo con emocionalidad.

2. **Antes de emitir opiniones, escucha:** La mayoría de las veces, la gente se delata sola. Dice sus gustos, prejuicios, ideologías, colores y orientaciones con tan solo dejarlos fluir. Lo más valioso que tiene una marca es contar con una red de personalidades diversas. ¿De qué te sirve inspirar si solo motivas a aquellos que piensan igual que tú? Sal de la caja y no discutas. Acepta, no coloques etiquetas, y escucha.

3. **Practica:** Tu habilidad al conectar dependerá de la práctica. Sal y aplica esta técnica con tus amigos y luego hazlo cuando apliques a un empleo. ¡Me dices que tal!

LAS PALABRAS SE LAS LLEVA EL VIENTO

"Esta generación escucha el principio y el final de las cosas. Les dejó de importar lo que sucedía en el desarrollo. Por eso, las novelas ahora aburren y los *realities shows* te llevan a la fama"
Laura Moro

No hay duda de que las palabras cargan un gran poder. Una palabra te puede hacer reír y también llorar. Una palabra te puede inspirar así como también te puede desanimar. Existen miles de testimonios de como una palabra que le fue dicha a alguien fue capaz de catapultarlos a su mejor etapa en la vida. De la misma manera que las palabras pueden construir, tienen el poder de derribar. Las personas se dejan persuadir mucho y son impactados por las palabras que escuchan o leen. Cuando existe una discusión entre una pareja por lo general no dicen: *"es que me hablaste en x tono de voz"*, más bien lo que dicen: *"es que me <u>dijiste</u> esto…"*.

La palabra en sí misma no es la que afecta, lo que trastoca las emociones y lo que carga el peso es en la manera que te fue comunicada. Siempre he comentado que las culturas y las palabras son como un banquete. Puede haber una mesa llena de comida y de diversas opciones, pero si tú no extiendes la mano y agarras esa palabra o abrazas esa cultura, simplemente estas escogiendo ser inculto, porque la cultura y el conocimiento siempre está ahí, esperando que la escojas. Hay personas incultas porque les da la gana. Hoy día hay un banquete de recursos como lo son las redes sociales, el internet, los libros, los periódicos, podcasts, museos y cuanta alternativa digital que puede aportar a la educación de un individuo y están disponibles para todos. Incluso de manera gratuita. Por lo que, quién no se desarrolla y se educa, es porque no lo desea. Las palabras no significan nada, lo que carga el significado es la manera en la que la comunicas y todo absolutamente todo tipo de palabras pueden ser utilizadas para ambos sentidos. Estas fueron creadas para que nosotros le diéramos la intención y la entonación para poder comunicar un mensaje que carga valor emocional.

El valor emocional de las palabras es fundamental a la hora de comunicar. Si estás escuchando un noticiero y la persona que está comunicando la noticia no parece narrarla acorde a la emocionalidad que requiere el titular, el espectador simplemente se desconectará mentalmente y no logrará escuchar la noticia del todo. Un libro puede estar bien redactado y bien preparado, pero si su contenido no logra conectar con el lector, con sus necesidades y desafíos, pues estamos escribiendo palabras que se las lleva el viento. Estas palabras no logran penetrar y cambiar la vida de los demás. Si no son contundentes y sin impacto, no servirán de nada. Nosotros tenemos la capacidad de agregarles valor a esas palabras tanto las que tal vez una persona nos diga con la intención de hacernos daño, como también las que yo pueda estar comunicando en un escenario donde deseo que cumplan con el propósito que las estamos compartiendo.

Dicho esto, la mayoría de las cosas que se dicen en los medios de comunicación se comparten en un tono polémico para crear reacciones y que no pasen por desapercibidas. Esto hace que personas con diversos puntos de vista logren reaccionar al mismo. Como menciono en el capítulo relacionado al arte de molestar, si tus palabras no incomodan o no causan reacciones emocionales, serán propensas a quedar en el olvido colectivo del ser humano. La mayoría de las palabras que permanecen en nosotros son aquellas que fueron intensas y cargadas de alguna emoción. Por ejemplo, fuimos marcados por la palabra cuando alguien nos dijo *"ridículo"* – no por la palabra sola, sino por el tomo posiblemente fuerte y despreciable que le agregaron. De la misma manera, tal vez una persona está hablando sobre ti y utiliza palabras hermosas con un tono de admiración y sus palabras causan una validación en tu persona. Las palabras que cargan proyección e intensidad siempre lograrán una reacción que no será olvidada.

Para que una comunicación sea efectiva y logre permanencia en el pensamiento humano, tienes que asegurarte que cause molestia. Me refiero a molestia a una reacción sea positiva o incómoda. Es decir 100% transparente y no cause dudas. Los puntos medios en la comunicación son peligrosos y pueden enviar un mensaje de inseguridad. El que permanece en "el medio" de algo no es porque está en acuerdo con los dos, es porque aún no tiene una postura clara que domine, no cree en ninguno o no está informado lo suficiente para poder tomar una clara postura. Para competir tienes que aprender de los que te apoyan y de los que no te apoyan. Y de este último grupo es de quien más debes aprender. En tu contrincante están los ingredientes y las sustancias necesarias para tu ganar. Mientras permanezcas en un punto medio te estás colocando de manera voluntaria, a ser atacado por ambos lados por no asumir una postura. Evita entregar mensajes vacíos, sin intención, y sin emociones dirigidas. Si estás causando molestia cuando hablas, tu mensaje está llegando.

Las palabras tanto en el ámbito laboral, legal y personal se las lleva el viento si no hay acciones que validen lo que dices. Y sí, puede sonar obvio, pero cada vez más observamos como personas se enfrentan a batallas legales por ser víctimas de sus propias palabras. Un contrato vale más que mil palabras, una advertencia a tu jefe por escrito que no podrás asistir la semana próxima vale más que un comunicado verbal y en realidad el amor no sobrevive con palabras. Shakira decía *"no solo de pan vive el hombre y no de excusas vivo yo"*. Yo le añadiría, las palabras sin intención son como recuerdos en el olvido, vánales y sin sentido. Sin embargo, quiero trabajar para desarrollar a una sociedad y próximas generaciones que puedan revolucionar esta idea de que las palabras valen medio sin un papel en mano. Esta metáfora de *"las palabras se las lleva el viento"*, en el fondo, lo que dice es que aquello que se enuncia y no se escribe y se firma tiene un peso menor al de una hoja con nombre y firma. Para llegar allí, donde la palabra vuelva a ser valiosa y considerada en diferentes ámbitos de la vida, debemos empezar a tomarle valor a cada palabra que se dice. Para llegar allí, dependerá mucho del emisor del mensaje. Cuando mi madre se compromete a buscarme, en realidad no hay firma o ningún documento legal para corroborarlo, simplemente dice que acudirá. Me da su palabra, que se asocia con su identidad y valores. Así, a su palabra queda ella misma adherida. Algo que en teoría en las relaciones humanas debería pesar más a menudo. Antes de establecer un argumento, debemos crear confianza en quien nos escucha. Para confiar en alguien debemos fiarnos en la consistencia de sus palabras y acciones. Al final, el poder de una palabra depende mitad de quien la pronuncia y mitad de quien la escucha.

La razón por la cual una palabra nos marca y otras no marcan la diferencia es por una razón: unas llegan al sistema nervioso central causando altos niveles de adrenalina o dopamina. Otras, simplemente no llegan a tu sistema nervioso central. Estas palabras quedan registradas junto a una profunda huella emocional y nuestra memoria no suele olvidar lo que provoca huellas profundas. Hay una excepción: que el hecho sobrepase nuestra capacidad de asimilación emocional, lo que se conoce como amnesia disociativa. Al final, las palabras que pronunciamos no son elementos inocuos lanzados al aire escritas con lápices de borrador. Al contrario, son elementos de influencia que pueden ser como escrituras en piedra y no borrarse nunca.

KIT DE EMERGENCIA

1. **La voz también tiene forma:** Evis Martinez, especialista en comunicación sensitiva, le llama la imagen de tu voz. Se refiere a encontrar los matices ideales para transmitir un mensaje. En esta práctica, busca las definiciones: proyectar, modular, pausar y articular tu voz.

2. **Escoge un partido:** Si bien es cierto que antes de argumentar algo debes informarte utilizando varias fuentes, es importante resaltar que es importante elegir un partido o postura a la hora de establecer un argumento. ¡No querrás recibir balas por ambos lados!

3. **El poder en las palabras depende de la fuerza que le des:** La molestia vende. La polémica también. ¿Por qué? Porque simplemente despierta lo más ordinario del ser

humano. Al final, las palabras valen polvo si no les das importancia. El único poder que tiene la opinión de los demás es el poder de tu atención. Sin eso, las palabras no traspasan la piel como las balas, se desvanecen. Así como todo en la vida se marchita cuando no hay atención.

4. **Crea confianza y no olas de viralidad:** La viralidad[16] es como la moda. Todo lo que está de moda, pasa de moda. Sin embargo, crear confianza y convertir tu marca en una fuente creíble es como el estilo al vestir, jamás es olvidado. No trates de crear campañas mediáticas para viralizarte porque eso terminará en dinero mal invertido y seguidores obtenidos por una ilusión ya que le estas vendiendo una idea, no realmente el estilo de tu trabajo. Al contrario, invierte en tu marca personal.

5. **Siembra intriga:** Aquella noticia que circula por todos los medios y mueve el mundo entero, es el chisme. La mayoría de las personas siguen a sus artistas favoritos en redes solo para enterarse de sus vidas privadas. El chisme

---

[16] Se refiere a campañas sociales solo para sembrar polémica y ser virales en redes sociales.

vende, sembrar la intriga de lo inesperado no solo vende, te da exposición masiva. Te conviertes en una especie de celebridad ya que aquellos que te conocen quieren saber hasta tu ADN, y los que no, están pendientes de como adentrarse en tu vida. Intrigarlos[17] los convierte en tus seguidores activos.

6. **No hay halagos y criticas:** En este mundo tan jodidamente cursi en el que vivimos a todo le queremos dar partido. No hay críticas constructivas y destructivas. Ni halagos ni ataques de odio. Ni logros o fracasos. En la vida, se trata de captar en tu ambiente los comentarios útiles o inútiles, las personas útiles o inútiles y momentos que te dejen lecciones. Punto. Que te quede en mente que el mejor halago del mundo no define quién eres, al igual que el peor insulto del mundo. ¿Cuál es el antídoto para ambos? Sonreír y decir gracias.

---

[17] La campaña de intriga, también denominada teaser, es una campaña publicitaria que anticipa la puesta en práctica de una campaña principal. El objetivo de esta es generar curiosidad y expectativa hasta que la campaña publicitaria principal comience.

NO DES TÚ 100%

"Tu mejor maestro es tu ultimo error"
Ralph Nader

Desde niños somos criados con el mensaje constante de que tenemos que siempre dar el 100% en todo, que debemos ser los mejores y que debemos procurar llegar a ser el número uno; pero nunca nos hablaron del valor de ser esenciales. Nunca nos enseñaron a ser esenciales en la comunidad y a través de la vida, sino más bien a ser los mejores. Siempre comento que la manera de ser exitoso es de tres formas: si eres el primer en hacerlo, si eres el primero en llegar a la meta o si eres el único en hacer lo que haces. Ninguna de estas tres alternativas habla de ser el mejor o de ser el número uno. De la misma manera, no siempre el número uno es el mejor en lo que hace. Esto lo podemos ver día a día en varias industrias. Es aquí cuando vemos que es mejor representar el 1% que el 100, porque si eres el único en hacer algo, te vuelves imprescindible y esencial. Por lo general todo en lo que deseamos emprender, lo más seguro ya existe. Hay muchos otros libros de persuasión que posiblemente toquen los temas de los cuales exponemos aquí, pero lo que lo hace único dentro de un mundo parecido son aquellas experiencias personales que nadie más tiene. Es como el ADN, aunque en teoría todos somos seres humanos, todos tenemos algo que nos hace únicos. Por lo tanto, enfocarse en lo que te hace único, ese un porciento de ti es lo que va a sobresalir entre el 99% que ya existe. Por ejemplo, cuando tú vas a una compañía buscando una oportunidad, ya esa compañía tiene el 99%. Ellos tienen los equipos, los recursos, el dinero, los empleados, entre otros. En este escenario no se trata de ser el número uno, se trata de ser esencial. Es lograr destacar ese 1% para que esa compañía llegue a ese 100% contigo. Esto logra que no sea tan fácil dejarte ir porque te necesitan. Por consiguiente entra la persuasión y la influencia de lograr tener un impacto de tal manera que aunque contraten a veinte o treinta otras personas, ninguna puede aportar lo que te hace único a ti dentro de esa empresa. Lo mismo sucede cuando empleas esto en tu casa, en tu comunidad, en tus grupos sociales, por mencionar algunos. Te vuelves imprescindible. Hay personas que pueden pasar los años y llegar a ancianos y siguen siendo inspiradoras porque se han dedicado a sembrar ese un por ciento en la vida en vez de enfocarse en el cien.

En el mundo laboral esta característica es muy importante y carga un gran peso. Es muy común que en una entrevista de trabajo te hagan la siguiente pregunta: ¿Qué te hace diferente? ¿Por qué debemos escogerte a ti y no a otro candidato? Esa pregunta está diseñada para que contestes cuál es tu un por ciento. No nos damos cuenta de que la persuasión se trata de poner en simples palabras y que las personas entiendan, cosas que están escondidas y que están implícitas. Muchas veces no saben responder correctamente porque no tienen claro a qué se refieren. De la misma manera, no la saben responder porque posiblemente no se conocen lo suficiente para identificar su un porciento.

Si tuviese que resumirte este concepto sería no te enfoques en dar el cien, enfócate en ser esencial. Cuando impactas la vida de las personas, cuando logras conocerte bien a ti mismo y sabes identificar lo que te hace único y lo que puedes aportar te vuelves importante no porque seas artista o porque lo hayas estudiado, entre otros; sino porque tu talento se vuelve una necesidad para las personas que te rodean. No hay nada más importante en persuadir que tu marca personal. ¿Qué te hace único? Cuando tienes algo diferente que ofrecer, esto gusta. Las campañas de mercadeos más exitosas son las que ofrecen una solución y no un producto. Lo mismo aplica a nosotros. Todo lo que trabajemos u emprendamos no nos va a definir en su totalidad. Lo que sí nos va a definir como personas es lo que decimos y que nuestras acciones sean el reflejo de las palabras. Esto no se debe confundir con creer que lo que hacemos define quienes somos. Tu esencia no es tu profesión, es parte de quién eres. Creer que puedes vivir tu vida dando ese cien por ciento en todo momento, en todo lugar y a toda persona, es completamente irreal y siempre va a estar sujeta a la evaluación de otros. Sin embargo, conocerte y saber qué te hace único le quita el peso de la percepción de los demás.

Lo mismo pasa en las relaciones interpersonales, sobre todo en las parejas. Al querer tener contacto con alguien, sea para hacer alianzas o terminar liados en la cama, solamente buscamos una sola cosa: vender nuestra personalidad y volvernos irresistibles. No demostramos todas nuestras capas porque esa es la magia de una relación amorosa o del inicio de una nueva amistad. Y aquel que va desnudando esas capas, que pueden ser ángeles o demonios internos, es el tiempo. Es por eso por lo que cuando una pareja sufre una ruptura, acostumbramos siempre a la pareja decir: *"Pero es que él no era así"*. Lo mismo pasa en el ámbito profesional, en un evento de *networking* o durante nuestras relaciones personales. Una de las grandes confusiones del ser humano a la hora de conectar con otro ser es encontrar ese balance interno entre dar el 100% en la primera impresión o simplemente servir como aperitivo, no tanto para causar intrigar, pero por falta de confianza, utilizando las pocas palabras como chaleco antibalas ante una persona que desee hacerte daño basado en la información que le proveas.

A toda costa, soy creyente de no dar el 100% en la primera impresión. Pierdes relevancia, enganche y le apagas la curiosidad al otro de saber tus otras capas ya que les has puesto todas sobre la mesa. La única vez que decimos todo en la primera noche es cuando queremos terminar acostándonos con la persona, allí si sobran las palabras, mandan las emociones y te mueves por acciones involuntarias. Dar el 100% en todo es uno más de la lista inacabable de estereotipos, que al final, son creencias falsas y tergiversadas de nuestra crianza que nos llevan solo a una cosa: a ser esclavos de un jefe o peor aún, a ser esclavos del dinero con la mentalidad de ser "emprendedores"[18] año tras año. Es por eso por lo que los jefes son el ejemplo perfecto de lo qué es no dar el 100 %. Un jefe es aquel ser humano que fue suficientemente estratega para determinar que su futuro en una empresa no es medido por cuanto tiempo trabaja, que tan duro trabaja o que tanta experiencia tiene en el mercado. Es aquel que se dio cuenta que lo más importante—y de por sí, lo que más vende—es convertirte en la figura perdida del rompecabezas. Es ser el protagonista de la novela. Es lo que es la harina a una arepa y lo que es el cacao

---

[18] Que tiene decisión e iniciativa para realizar acciones que son difíciles o entrañan algún riesgo. Por otro lado, el empresario es el propietario o directivo de un proyecto, empresa, u organización.

para el chocolate. Es convertirte en una pieza fundamental y tu conocimiento en algo primordial para tu empresa, tanto así, que se les dificulte funcionar o desarrollar ideas sin tu presencia. Al final no estas dando el 100%, en realidad el líder jamás da el 100%, sabe inyectar porcentajes de a poquito, sabe usar la ley de la escasez en la persuasión para lograr convertirse en una persona imprescindible.

KIT DE EMERGENCIA

1. **Molesta:** La molestia vende.

2. **Esencia:** Sin eso, eres solo materia.

3. **1%:** Tu nuevo número favorito y la única estadística que te define.

4. **Estereotipos:** Lo que significa dar el 100% en la primera impresión.

5. **Mentalidad:** La única herramienta que te sacará del infierno de ser empleado a jefe.

EDUCACIÓN CONTRA PERSUASIÓN

"Educar la mente sin educar el corazón
no es educación en absoluto"
Aristóteles

La educación es unas de las influencias más persuasivas a nivel mundial. Es una presión que recibes por todos lados: de la familia, la escuela, la sociedad y la cultura, y gira principalmente con la presión de obtener un título universitario como sinónimo de éxito. Sin embargo, eso no es necesariamente una realidad. Hemos sido persuadidos generación tras generación al escuchar la frase: *"usted debe graduarse de algo en la vida. Y si es médico, abogado o ingeniero mucho mejor."* Es lo que se ha sembrado en nuestra mente generación tras generación. Algunos de ellos tuvieron la dicha de escoger, otros fueron forzados a estudiar una carrera simplemente para complacer a una de las fuentes donde han recibido presión, la mayoría de las veces para complacer a sus padres.

Harry Styles, uno de los cantantes más famosos de la era moderna, no terminó la preparatoria. Sin embargo, su fama y rareza logró posicionarlo como el único cantante en tener su propio curso académico. La Universidad de Texas en Estados Unidos cuenta en su curriculum académico con la clase titulada, *"Harry Styles y el culto a la celebridad: identidad, internet y cultura pop europea,"* desmantelando el desarrollo cultural y político de la celebridad en relación con temas de género, raza, clase, medios, moda, cultura de sus fanáticos y el consumismo. Por otro lado, el famoso actor de películas *Johnny Deep* tampoco fue a la universidad por perseguir sus sueños y ahora es uno de los actores mejores pagados del mundo. Así como ellos hay cientos de ejemplos de personas que no necesariamente obtuvieron un grado universitario esperado, pero aun así han sido exitosos. Y es que el éxito se mide de diversas maneras y en ciertos casos se pudiera identificar desde una temprana edad.

CONTAGIÉMONOS DE ALGO POSITIVO: SEAMOS NIÑOS ÍNDIGOS

Mi mamá me comenta que antes de yo nacer ella sabía que sería una persona diferente y especial. Una noche mientras iba manejando con la música de Juan Luis Guerra de fondo en su auto y mi mamá comienza a responderme todas mis preguntas filosóficas, tratando de descubrir más de mí a través de mi pasado.

- Ósea mamá, ¿tú pensabas que yo era un niño discapacitado, raro y especial? – pregunté con temperamento.

- No, Luis Franco. Me refiero a que sabía que eras una persona que impactaría este mundo. Pensaba que eras un niño índigo. No eres un niño normal, eres especial. Tu edad mental no es la misma que tu edad biológica. – contestó mi madre con pasividad.

Como era de esperar, apenas llegamos a casa, corrí a mi cuarto a investigar lo que era ser un niño índigo. En el camino a mi cuarto lleno de libros, periódicos y rompecabezas—y una gran ausencia de juguetes, ya que me aburrían—me doy cuenta de que hay un libro a punto de caerse de la mesa de noche. Mi curiosidad me llevó hasta el rincón para leer el título del libro. Mi corazón palpitaba mil veces por segundo a leer cada palabra del libro. *"Los Niños Índigos: Han Llegado los Niños Nuevos."*

En ese momento sentía que mi vida era como la película de *Toy Story*®. Al leer que decía: *"han llegado los niños nuevos,"* me imaginé que era una colección más de los juguetes de Andy. Mi cabeza daba vueltas. ¿Cómo que los niños nuevos? ¿Ósea, qué yo comparto con la vieja colección? Empecé a hojear páginas sin descanso. Mientras que mi mamá se duchaba después de manejar horas durante el día. Aproveché los veinte minutos más cortos de mi vida para averiguar de lo que se trataba esta especie de criaturas nuevas al mundo y que al parecer yo era parte de ellas. Leyendo, encontré lo siguiente:

- Se distinguen porque están en un nivel superior de la evolución humana.
- Esta generación de niños presenta un desarrollo superior desde el punto de vista social, psicológico y espiritual.
- Estos pequeños desarrollan una serie de características psicológicas y cognitivas que se encuentran por encima de la media y muestran patrones de conducta más maduros y asertivos que el resto.

Al leer estas tres características pasaban dos cosas por mi mente: Primero, estaba feliz que esta era la respuesta que andaba buscando ante mi insaciable curiosidad por saber más y analizar todo lo que me rodeaba. Y, por otro lado, me sentía como un extraterrestre excluido de los demás. Ya estaba pensando en cómo contagiar a otros con este síndrome a ver si la sociedad tomaba un mejor curso. Todavía recuerdo esto como si fuese pasado ayer. Fue una lluvia de emociones que recorría por mi cuerpo como gotas de agua. No sabía qué hacer. Cuando estaba a punto de cerrar el libro e irme a mi cuarto, leo la siguiente página que indicaba lo siguiente: *Características de un niño índigo.* No tuve mucho tiempo para examinar y leer la data antes que mi madre saliera de la ducha pero lo que leí se me quedó grabado:

- Tienen una gran capacidad creativa y son muy ingeniosos.

- Poseen un C.I. superior a la media.

- Desarrollan talentos especiales de manera instintiva.

- Resuelven problemas académicos o de la vida cotidiana con mucha facilidad.

- Son maduros emocionalmente y tienen una alta autoestima.

- Se sienten frustrados cuando tienen que seguir reglas estrictas y autoritarias.

- En ocasiones tienen problemas de conducta generados por su rebeldía e inconformismo.

- Desarrollan una gran sensibilidad y empatía.

- Centran su atención en los asuntos que les interesan, pero pierden la concentración con facilidad cuando el tema no les atrae.

- A menudo se sienten solos e incomprendidos porque les cuesta encontrar a otros niños como ellos.

Sentía que el autor de este libro con el que me había tropezado hace solamente veinte minutos me había descrito sin habernos conocidos. A lo largo del tiempo fui confirmando este síndrome al ver cómo mi entorno siempre se sorprendía al ver mi madurez a tan corta edad, mi rebeldía y constantes ganas de ser la oposición del gobierno, de la autoridad, de las reglas, mi alma vieja y en la forma de decir las cosas. Incluso, sigue pasando en este preciso momento mientras escribo este capítulo. Mi teléfono está lleno de mensajes, pero no tanto de felicitaciones, sino de asombro y preguntas sobre cómo me convertí en el autor más joven de mi editorial sobre un tema de adultos. Para todos aquellos que siguen escribiendo, y para aquellos que se lo preguntan mientras me leen: ¡BOOM! aquí está la respuesta.

LA ARISTÓTELES DE MI VIDA

Siempre me inculcaban que la educación era lo más importante y que no debía preocuparme por lo que quería ser en la vida, sino por los valores y principios que aportaría al mundo. Sin embargo el tipo de niñez que vivimos también se convierte en una persuasión. A los diez años, mis padres se divorciaron. A partir de ese momento, mi vida cambió. No porque se habían separado, realmente para mí no hubo drama alguno, fue sencillo. Un divorcio más de los 99,510 en el país de 300,000 matrimonios a causa de una infidelidad. A esa edad yo no me daba cuenta de esto, yo lo único que sabía era que iba a vivir en dos costas distintas del país: costa central y oriental, entre Caracas y Puerto La Cruz. Eso me abrió las puertas a conocer más fronteras de mi país, nuevas tradiciones, nuevos acentos y hasta nuevas maneras de buscarse la vida.

Durante mi niñez, crecí viendo dos figuras paternas ejemplares. Mi padre se graduó de ingeniero eléctrico en Caracas y siempre me lo decía. Era ya intrínseco. Por otro lado, mi madre era un enigma para mí. No la cuestionaba, no sabía a qué universidad fue, lo que si sabía era que tenía todo bajo control. Tenía una carrera ejemplar, muy interesante, relacionada a la medicina y sobre todo llena de pasión. Sin embargo, a lo largo que fui creciendo empecé a notar cosas que definían el trabajo de los dos.

Mi papá era el típico hombre empresario, de clase alta, cuyo rol era vender y crear necesidades en los demás para que le compraran. A veces me contaba lo que hacía en el trabajo, las partes técnicas y estratégicas, pero jamás me contó qué sentía el al trabajar allí; si le gustaba ser el jefe de sus empleados o no, cómo llegó a esa posición, qué hacía antes o que le gustaría haber hecho si ese no fuese su trabajo. Era muy pragmático. Él representaba uno de los dos factores más importantes para persuadir: el conocimiento. En otras palabras, era muy académico.

Por otro lado, mi mamá me hablaba de su trabajo todos los días, me fascinaba oírla. No era una especie de resumen sobre lo que hizo en el día, ella formaba cuentos basados en sus propias experiencias laborales; toda una *storyteller*[19]. De ella empecé a aprender cómo contar una historia que convenza, que sirva de enganche, pero todo dependiendo de la audiencia con la que nos enfrentemos. También me empezó a contar los inicios de su vida y cómo llegó hasta el trabajo que tenía. De ella sacaría todo un libro con sus historias de vida, pero eso se lo dejo a ella. Mi mamá tal vez no fue una niña índigo, pero las cosas de la vida, su bondad y corazón la llevaron a ser esos roles de superhéroe sin capa que todos necesitamos. Era el sostén de hogar, madre de dos hermanos que son la bomba de tremendos, empleada y autodidacta. Después que mi abuela abandonara la casa, a causa de su inmenso amor, mi madre, a los quince años, tuvo que repetir la historia de mi abuela. En este caso criar a sus hermanos y no a sus hijos. En otras palabras, convertirse en la madre-hermana-consejera de sus hermanos.

La vara para mí siempre ha estado alta. Escuchar sobre su resiliencia, determinación y la capacidad de vencer obstáculos con esa belleza, un alma de guerrera, y lágrimas, me han persuadido de manera emocional para no tener excusa de rendirme. Su primer trabajo fue nada más y nada menos que en *Clinique*®, unas de las marcas de belleza más importantes en el mundo y logró formar

---

[19] Persona que crea una historia para conectar emocionalmente con una audiencia en específico.

parte de dicho equipo sin un currículo profesional. Después de trabajar allí por un año, mi mamá encontró su pasión: vender. A partir de ese momento, se convirtió en la Aristóteles de mi vida. Ella me inculcó a ir en contra de los estereotipos, a perder el miedo al maldito *qué dirán*, y a entender que podemos persuadir para avanzar.

MI MADRE: LA MÁSTER DEL *NETWORKING* DE LOS 2000S

Después de descubrir su pasión por vender, jamás se imaginó que iba a terminar dominando el arte del *networking* y la persuasión en los años 2000, con una escaza presencia de la tecnología y dónde lo que predominaba, era la palabra y las conexiones. Mi mamá siempre tuvo como meta ser visitador médico, ya que veía como parte de su familia ejercía esta carrera, viajaban por el mundo, tenían beneficios y sobre todo, podían vivir cómodamente a través de la medicina y las ventas. A pesar de su interés y determinación para realizarlo, el primer ataque de persuasión para hacerle cree que no podía ejercerlo era porque no tenía un título universitario: *"Ni lo intentes, prima"*. Le dijeron de forma despectiva.

Mi mamá como toda autodidacta, empezó a leer las vidas de los visitadores médicos más conocidos, los laboratorios más prestigiosos del país, a estudiar las estadísticas y requisitos para formar parte de este mundo de profesionales y frecuentar lugares donde los visitadores médicos iban a emplear su trabajo: a las farmacias. Como podrás leer, la persuasión personal para buscar alcanzar una meta fue clave en su proceso y el no tener el "famoso título educativo" no la detenía.

Un día mi mamá vio a la distancia una visitadora médico que iba de camino a su visita farmacéutica. La valentía, la pasión y la determinación estaban a flor de piel, y tuvo la valentía de detenerla y preguntarle si existía la posibilidad de ejercer sin un título universitario. *"Pues claro que no, todo depende del laboratorio. Pero no es imposible."* Se podrán imaginar las emociones de mi madre al escuchar esas palabras. Su sueño no estaba lejos de alcanzar a pesar de las muchas voces que le habían indicado lo contrario.

Ese intercambio de palabras que duró menos de sesenta segundos le abrió un mundo de posibilidades a mi mamá, y sobre todo, la estaba sacando de ese hueco cultural donde no ir a la universidad parecía montarse al tren del fracaso. La salvación de mi madre en ese momento fue persuadir y dar el primer paso. Fue invitada a su primer encuentro social con profesionales del medio, lo que conocemos modernamente como un evento de *networking*. En ese evento, pudo conectar genuinamente a través de su historia con otras personas que estaban interesadas en ser parte de diferentes laboratorios médicos. Confirmó que sus primas tenían razón, ella era la única ama de casa en una sala de más de 500 personas. Pero, nuevamente se persuadió a sí misma para incursionar en el mundo de la medicina, especializándose en la venta de psicotrópicos— medicamentos que son drogas legales— para control del sistema nervioso central. Unas de las ramas de la medicina más complejas que existe. Aparte, lograr esto en un país tan arraigado a un estudio universitario, a licenciaturas y maestrías era casi imposible para mi mamá. La curiosidad que se desarrolló a través de la crianza de mis tíos, la llevó a aplicar a *Laboratorios Nolver,* una empresa uruguaya en Venezuela, dedicada a la comercialización de medicamentos de alta calidad para uso humano. Para formar parte de esta empresa, la mayoría de los candidatos eran médicos o llevaban un título universitario bajo la manga. Y como le había mencionado, el visitador médico que se encontró en el centro comercial contrataba solo aquellos que referían para el puesto.

En el caso de mi mamá, todo le jugaba en su contra: no tenía un título universitario, no tenía experiencia en el mundo de la medicina, era joven, ama de casa y mujer. Todas las etiquetas aseguradas para perder. Pero, tenía como parte de su rareza y comodín, el innato conocimiento sobre como persuadir y vender.

En una sala con más de 1,000 personas para el puesto que ella deseaba, todos fueron puestos a prueba. Tendrían treinta minutos para analizar una molécula de un medicamento, identificar cuantos miligramos tenía, e identificar una manera efectiva de vendernos el producto. La persona que lograra vender el producto de manera más efectiva sería seleccionada como visitador medico de *Laboratorios Nolver*. Mi mamá se puso pálida cómo una servilleta, el sudor le corría por la cervical, y decidió analizar, cómo ella solo lo sabía hacer. Ella siempre me ha dicho que no hay mejor manera de persuadir a otros que creando una especie de asociación en la mente de otros. En menos de treinta minutos, logró identificar el nombre del medicamento, para que sirve, por qué era necesario, los miligramos que contenía, y quiénes debían tomarlo. Se propuso contestar, ¿por qué debo comprarlo? Para ello, mi madre decidió crear un slogan nuevo al producto.

A la hora de la presentación final, tenía 1,998 ojos—lo que es igual a 999 personas—mirándola, juzgándola, esperando que se equivocara para que fuera un rival menos en la selección. Todos atentos a la joven de veintisiete años, casada, con un niño de dos años y que no había podido graduarse por circunstancias de la vida. Unos la subestimaban—la mayoría—otros sabían que había recorrido más calle que Pedro Navaja. Tomó dos respiraciones, cerró los ojos y se transformó de ama de casa a la máster del *networking*. Todos quedaron estupefactos. En menos de treinta minutos, mi mamá habría logrado crear un retruécano de palabras que creaba la necesidad de perfecta para la compra del producto. Fabiola creó su oportunidad, creó la alfombra roja que le abriría el camino a su puerta más difícil de abrir: incursionar en el mundo de las ventas a través de la medicina.

Al final de la tarde, mi mamá logró desafiar a la medicina y refutarles a los médicos que la vida no se trataba de devorar libros, sino que se trataba de dejar huella en los corazones y en la mente de otros. Al final, mi mamá nos demostró que cuando hay ganas, rompemos la barrera, nos importa un bledo las estadísticas, y quebrantamos el umbral del miedo y la pena. Después de ocho años en *Laboratorios Nolver*, se convirtió en la gurú de las ventas en Venezuela. Al cerrar el laboratorio debido a la crisis económica que vive actualmente el país, mi madre dejó el laboratorio a finales del 2009 para ser visitador médico en la droguería de medicamentos legales más grande e importante del país, *Droguería Nena*. Llegar ahí fue otra aventura llena de coraje, valentía, persuasión y análisis del que sólo mi mamá es capaz de hacer. Por ahora, hasta aquí con mi mamá, le estoy robando material de su futuro libro, que desde ya, no hay intento de persuasión que pueda quitarte las ganas de devorarte su historia y aprender de ella: la Aristóteles de mi vida y la única razón por la cual creo en la ficción, porque las madres son todas unas superhéroes. En resumen su testimonio nos confirma que: Una persona educada no es sinónimo de tener maestrías ni doctorados. En casa del pobre, hasta el que es feto trabaja.

KIT DE EMERGENCIA

1. **Tus padres son tus mejores ejemplos:** Para bien o para mal. La ridiculez más grande que puedes cometer es justificar tus errores y también tus logros basados en el pasado de tus padres. El empresario y fundador de Apple, Bill Gates, dijo: "Nacer pobre no es tu culpa. Morir pobre, sí lo es". Más allá del dinero, lee a tus padres detenidamente. Nuestros padres están allí para demostrarnos a través de ejemplos. Así que agarra papel y lápiz y empieza a sigilosamente dibujar los pros y contras de tus seres más queridos. No los idealices, son queridos y únicos, no dioses. También se equivocan y son aquellos de los que más debes aprender porque te dejan lecciones día a día, aunque a veces más después que parten de esta dimensión.

2. **Escoge la educación por encima de todo:** Cuando digo todo, me refiero a lo más inverosímil que te puedas imaginar. No hay excusa que valga que te prohíba de enriquecerte mentalmente.

3. **Un título universitario puede ser tu comienzo:** Es ridículo imaginar que con un título lo tienes todo y que sin él, no eres nadie. Y aún más ridículo que juzgues la inteligencia de otro basado en cuantos diplomas de 5x11 pulgadas tiene colgado en su oficina.

4. **¿Qué haces con un PhD sin una onza de empatía?** El ridículo.

NETSUADER: LA NUEVA ERA DEL NETWORKING

"Las necesidades ni se crean ni se destruyen: se transforman. Lo mismo pasa con el networking"
Luis Moros

Las palabras compuestas siempre me han parecido interesantes. Comunican más, no solo son palabras, narran maneras de vivir, actuar y comunicarnos. Parte de mi marca personal es instruir a personas a que sean imprescindibles con sus historias de vida y experiencias al identificar su talento y propósito a través de la persuasión. También, parte del éxito de una marca personal es internacionalizar y expandir el mensaje a diferentes culturas, lenguas y audiencias. Es por eso, que después de cinco años de experiencia en persuasión he decidido crear la palabra ideal para englobar la importancia de conectar a través de nuestras emociones.

La palabra compuesta **N*ETSUADER*** [20] nació de la necesidad de crear un movimiento—principalmente de jóvenes—alrededor del mundo que los guiase a entender dos cosas:

A. Lo más importante de la vida es aquello que no podemos tocar, sino lo que podemos sentir.

B. La vida no se trata de Plan B, C, o D. Se trata de conectar genuinamente con otros, ser estratega sin olvidar la importancia de las emociones y sobre todo conectar con tu historia para empezar a dibujar el mapa de tu éxito.

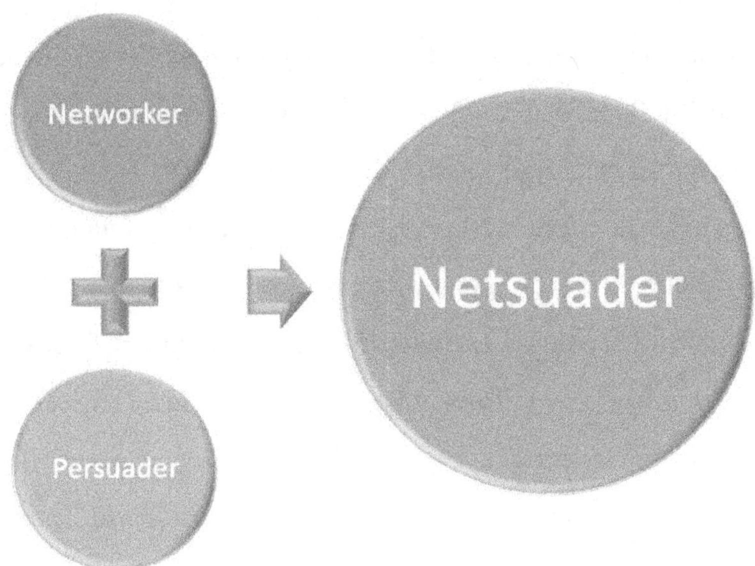

---

[20] Palabra compuesta entre "networker" y "persuader" que aluden a un experto en crear alianzas y persuadir a través de la narración de historias.

En sí, la comunidad *netsuader* está integrada de personas con una visión distinta. Y no, no tienen superpoderes. Solo han comprendido que invertir en ellos mismos es la clave para vender y reconocer nuestras debilidades es el primer paso para conocer las necesidades del consumidor del momento. Los *netsuaders* han señalado sus obstáculos como su gasolina para seguir adelante y como el sello diferenciador de su éxito. Más allá de renacer como el ave Fénix, han decidido darles la vuelta a sus fracasos y convertirlos en reflexiones inspiradoras para miles de migrantes y jóvenes que creían todo estaba perdido.

A la fecha de este capítulo, el movimiento *netsuader* cuenta con más de 20,000 miembros alrededor del mundo. 40,000 ojos y pies andantes han decidido invertir su tiempo en estudiar las raíces de sus historias, aprender a normalizar el fracaso y entender que el éxito que es parte de una acumulación de pequeños fracasos personales. La palabra fracaso proviene del italiano *fracassare*, cuyo significado es fallo en castellano. Fallar se refiere a tomar una decisión no acertada. En sí, el fracaso es una etapa temporal en la vida cuya finalidad es acumular lecciones de vida que nos llevarán a no repetir ciertas conductas y lograr el éxito a través de la consistencia. En otras palabras, el fracaso es la chispa, el sabor, el picante o el condimento de un plato. Tú eres la preparación de ese plato. El éxito es la probadita al final del emplatado. El fracaso es aquello que nos zarandea para volver a encontrarle el norte a tu destino y adaptarte a los cambios de la vida. Por otro lado, la derrota proviene del latín *"roto"*, aludiendo a algo que no puede volver a ser de la misma manera que era antes. Cuando rompemos una vajilla, podemos recoger los trozos de vidrio, pero jamás volverá a su forma original. La derrota es la excusa de los fracasados para justificar su falta de disciplina y exceso de flojera ante la vida. Y lo peor de todo, la derrota es un estado permanente en la vida del ser humano. Decía el filósofo griego Aristóteles que la derrota llega a tu vida cuando dejas de hacer, ser, y comer. Lo que se le llama la muerte súbita en vida. Sentirte derrotado es parar de producir, ser y conocer. Así que a nombrar las cosas como son a partir de estas líneas. El subconsciente escucha antes que hables y habla antes que proceses lo que proyectarás. Es ese narrador omnisciente dentro de ti. Tiene poder. Has fracasado para llegar a dónde estás, y si has llegado hasta esta página pues quiere decir que no te has derrotado a ti mismo. Sacarás más provecho al fracasar en un proyecto a andar por la vida sintiéndote derrotado. Al igual que aprenderás más de tus fracasos que de tus logros. Los logros te afirman lo que eres, los fracasos te cuestionan.

El networking es incapaz de sobrevivir sin la interacción humana. El networking es simplemente el escenario de la vida. La persuasión la herramienta necesaria para sobrevivir ante ella.

Sin una persona que persuada e inicie una conversación no hay networking. Un ejemplo de ello es Edward Bernays, considerado como el padre de las relaciones públicas. Bernays monetizó la imagen pública y fue uno de los discípulos—y también su sobrino por parte de madre—de Sigmund Freud. Bernays decía que la persona más interesante del mundo es aquella que extiende la mano, toca a alguien, y empieza una conversación. El networking nace de allí. De la habilidad de poder romper paradigmas, escuchar atentamente la historia y características de los que te rodean, y enganchar a los demás.

El término con el sentido de interconectar personas y grupos de gente se empezó a utilizar en el año 1947, donde inicia la historia de la palabra "networking", según plantea el historiador, autor y periodista Douglas Harper, fundador del *"Online Etymology Dictionary"*[21]. Según Harper, la palabra "networking" tiene el significado de una red de hilos o cables desde 1560 donde también según el matemático Keith Briggs fue su primera aparición escrita en la Biblia de Ginebra en este mismo año, se refiere a una red de canales, ríos y ferrocarriles desde 1839 y a un sistema de radiodifusión de varios transmisores desde 1914. En lo que se refiere a ordenadores, este vocablo se emplea desde 1972 y respecto al verbo, es decir, la acción de personas haciendo networking, los

---

[21] Diccionario de etimología en línea, traducido al español.

testimonios se originan desde principios de 1980. Este vocablo inglés podría traducirse literalmente en lengua española por «redeando», sin embargo, este término no se utiliza, y lo adecuado sería interpretarlo por red de contactos o creación de alianzas.

¿QUÉ ES EL NETWORKING?

Es la capacidad de caminar por la vida con chaleco antibalas. Y que esos chalecos sean personas que apoyen, confíen, y recomienden tu talento. El networking es para todo el mundo. El hecho de que incluya la palabra *"working"* que en inglés significa *trabajando*, no quiere decir que son para aquellas personas que se encuentran trabajando en un espacio profesional. En cualquier espacio donde haya más de dos personas, nace una posibilidad de intercambiar ideas. Según Adam J. Kovitz, presidente y fundador de The National Networker Companies (TNNC)[22], su definición de networking es: *"Un intercambio de información entre un individuo y otro o un grupo con un propósito claro"*.

El networking efectivo debe tener un propósito o una recopilación de varios objetivos para lograr conectar con una persona. Basado en mi experiencia en persuasión y formación sensitiva en comunicación, las personas que conectan de manera efectiva con otras tienen uno o más de los siguientes propósitos: establecer

---

[22] Las Empresas Nacionales de Networkers, traducido al español.

una amistad con la persona, unir fuerzas para atacar un problema social, hacer intercambio de información y conocimiento, la curiosidad de obtener conocimiento sobre una especialidad desconocida, entablar una futura idea de negocios, entablar una relación personal en caso de que haya atracción física, y en el peor de los casos, el desespero de conectar con varias personas a ver quién nos lanza una oportunidad de trabajo. En el próximo evento que tengas con una audiencia de más de diez personas, te invito a que estudies la sala y analices a título personal el propósito de esas conexiones, o incluso de tus conexiones actuales y verás que cumple uno o más de dichos propósitos.

El networking es una actividad natural e instintiva. Es el hijo de la comunicación y solo los que tienen la valentía de lanzarse al agua e indagar y persuadir al otro, sobreviven ante estos lugares que hoy están a en cada esquina. Incluso, el networking ha revolucionado tanto a estudiantes como profesionales a nivel mundial. Al punto que algunas empresas lo consideran como una habilidad necesaria y como una labor o responsabilidad adicional en cada rol empresarial. Una encuesta por la empresa PuroMarketing reveló en un estudio que el principal valor del networking es el acceso y contacto inmediato con expertos y profesionales de diferentes sectores empresariales. Por otro lado, el 38% de los directivos de empresas atienden estos eventos para obtener información sobre sus competidores.

Adicionalmente, otro estudio realizado por el Ministerio de Finanzas de España y el Instituto Nacional de Estadística[23] prueba que más del 45% de los españoles logran un empleo gracias a sus contactos. Esto quiere decir que tanto para encontrar empleo o para conocer los retos del mercado y las tendencias de tus competidores, tienes que comunicarte con personas que jamás has visto pero que son relacionadas a tu medio. Tienes que moverte.

Es que, al fin y al cabo, el networking siempre ha existido en nuestras vidas. Ya que el networking eficiente nace de la amistad. El networking es producto de una intención en una ayuda mutua entre dos personas. Es desde aquí que nace la intención de conectar para luego compartir conocimientos y experiencias de vida. Y cuando todo resultaba ventajoso para los extrovertidos y el mundo se imaginaba que conectaríamos con otras personas a través del boca a boca, el internet llegó para callarnos la mismísima boca. El internet les dio una segunda oportunidad a aquellos que son introvertidos y no estaban tan confiados en revelar sus capas de la personalidad. El internet les permitió refugiarse un poco detrás de una pantalla y que la interacción no fuese tan repentina para algunos. De allí nace el actual virtual marketing o marketing digital.

---

[23] 'Networking': qué es y por qué lo necesitas (welcometothejungle.com)

El internet sin duda alguna desmanteló la necesidad de hacer networking de manera presencial creando una red social que se convertiría en la segunda versión de Instagram—o la versión profesional y publica—de cualquier persona en la actualidad: LinkedIn. Esta red social es orientada a profesionales, que sirve para establecer redes de contactos con otros profesionales. LinkedIn y yo nacimos en el mismo año. Ella nacía en el teléfono de muchos, yo apenas saludaba al sol. Actualmente cuenta con más de 120 millones de miembros en todo el mundo y ha sido catalogada como la red social profesional más popular en la historia con un promedio de dos de cada tres profesionales registrados en todo el mundo. Si eres tú el que ha arruinado el puntaje perfecto de "tres de cada tres profesionales", por favor subraya esta frase y corre a abrirte una cuenta ahora mismo. La Universidad de Acción Pro-Educación y Cultura (APEC)[24] en República Dominica condujo un estudio donde LinkedIn revolucionó al mundo por su capacidad algorítmica de impulsar a millones de usuarios en el mundo a que conectarán entre sí, causando la necesidad de conectar a personas que incluso jamás habían interactuado en persona y que desconociesen su participación en el mundo laboral. Era como destapar una caja de pandora. La red virtual LinkedIn le permitió al usuario: crear una red de contactos y archivarla

---

[24] https://bibliotecaunapec.blob.core.windows.net/tesis/TPG_CI_MGC_18_2015_ET150304.pdf

de manera virtual, conectar con los contactos de los contactos iniciales, conectar con los contactos que te solicitan o revisan tu perfil, conectar con los contactos conocidos tras la revisión de su perfil por tu parte, y conectar con contactos de segunda, tercera, y cuarta mano. Es decir, un mundo infinito de conexiones virtuales que te invitaban a abrir conversaciones—o chats—y romper el hielo. En este caso, de una manera más sencilla ya que te escudas detrás de una pantalla.

LA NECESIDAD

Todo en la vida se trata de crear necesidades, transformar soluciones y conectar dejando algo que ofrecer al mundo. La palabra necesidad en la era actual según la Real Academia Española es *"la expresión de lo que un ser vivo requiere indispensablemente para su conservación y desarrollo, (...) el sentimiento ligado a la vivencia de una carencia, lo que se asocia al esfuerzo orientado a suprimir esta falta, a satisfacer la tendencia, a la corrección de la situación de carencia"*. Es decir, la sed que nos mantiene vivos. El día a día se nos va en saciar necesidades.

La gente no sabe lo que quiere, hasta que se lo muestras. Así de sencillo. Nada de *"la gente no sabe lo que quiere hasta que lo pierde"*. Antes de perderlo, tenemos que haberlo visto. Por eso nos duele. El networking es una prueba de ello. El networking se trata de crear necesidades que te lleven a contactar, colaborar, o hasta comprarle un producto a otra persona. En este caso, a ti.

En 1928, el padre de las relaciones públicas publicó su trascendental trabajo, *Propaganda*[25], en el cual argumentaba que las relaciones publicas no eran un truco sino una necesidad. Edward Bernays comenta en su estudio como la manipulación consciente e inteligente ha sido el factor que ha dominado a una sociedad democrática. En otras palabras, estamos siendo gobernados, nuestras mentes están siendo moldeadas, nuestros gustos ya están predispuestos por los programas de telerrealidad de cocina, y nuestras ideas ya están sugeridas en diferentes formatos, y todo esto sucede en gran medida por personas que jamás hemos conocido y probablemente conoceremos. La necesidad domina al mundo, y sobre todo nuestra mente. Y si, nuestras mentes están moldeadas. Uno de los retrasos que ha tenido la sociedad actual es la falta de iniciativa, la falta de curiosidad, y la flojera por retar el pensamiento o punto de vista de otros. Este libro revive—o eso trato—esa forma de vivir. Vivir filosofando y convirtiéndonos en observadores críticos de todo lo que podemos percibir.

---

[25] La manipulación de la mente estadounidense: Edward Bernays y el nacimiento de las relaciones públicas (commonlit.org)

Para crear necesidades primero necesitamos reconocer aquellas que la sociedad nos ha impuesto y ver su factor común. Si hablamos de necesidades humanas, no podemos pasar por alto la pirámide de Maslow, la jerarquía de las necesidades humanas. La pirámide de Maslow es una teoría sobre las necesidades psicológicas que tenemos las personas y cómo estas influyen en nuestra motivación. Según las investigaciones del psicólogo Abraham Maslow, las personas tenemos cinco necesidades básicas que acaban dictando nuestro comportamiento humano: fisiológicas, de seguridad y protección, reconocimiento y autorrealización.

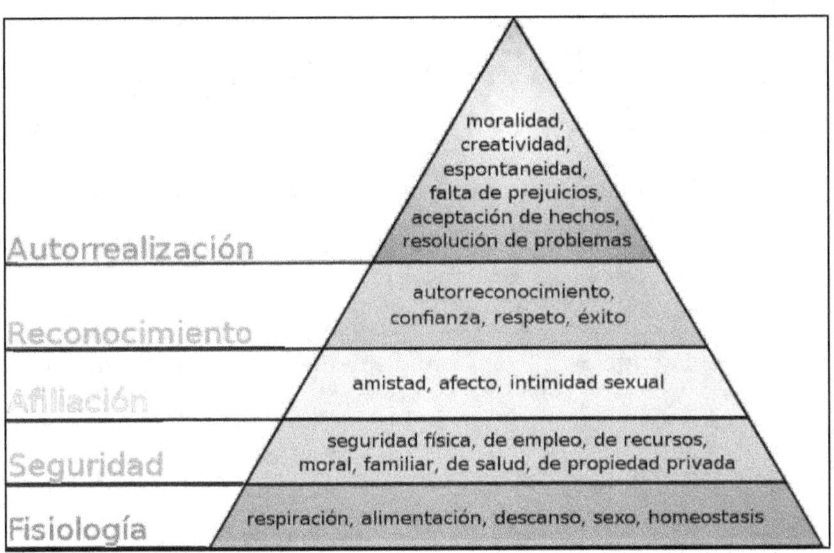

Hablando de necesidades humanas, empecemos con el automóvil. Muchos piensan que el automóvil fue inventado por Leonardo Da Vinci en 1495. Aunque eso no sea del todo cierto, Da Vinci si inspiró al creador original, Nicolas-Joseph Cugnot, en la creación del primer automóvil del mundo por la idea, concepto e imagen que había retratado Da Vinci. ¿Pero por qué Nicolas-Joseph Cugnot inventó uno de los objetos más vendidos en la historia del mundo? Sencillo, atendió a las necesidades del consumidor. En el siglo XVIII, la sociedad mundial estaba pasando por muchos cambios. Las trece colonias británicas obtuvieron su independencia en 1776 y se convirtieron en lo que es hoy, los Estados Unidos de América. También, En 1767 los misioneros jesuitas, que habían establecido prósperas misiones en pueblos de indios, fueron expulsados del continente americano. En medio de tantos cambios, el ser humano en aquel momento requería transportarse de manera automática e independiente. ¡BOOM! De allí nace la necesidad del auto. De hecho, la palabra automóvil deriva del griego y la podemos comprender como "que se mueve a sí mismo".

Otra necesidad que está ya inyectada en nuestro kit de necesidades sociales es el aire acondicionado. Lo que ahora es confort y placer, en aquel tiempo era la salvación para los egipcios en los 1800. En la antigüedad griega, los egipcios debían batallar ante el calor inminente que acarreaba al desierto del Sahara. En el siglo XIII no había otra opción que usar la fuerza humana para reducir el calor. Durante la noche, tres mil esclavos desmantelaban las paredes y acarreaban las piedras al Desierto del Sahara. Como el clima desértico es extremoso y la temperatura disminuye a niveles muy bajos durante las horas nocturnas, las piedras se enfriaban notablemente. Justo antes de que amaneciera, los esclavos acarreaban de regreso las piedras al palacio y volvían a colocarlas en su sitio. Se supone que el faraón disfrutaba de temperaturas alrededor de los 26° Celsius, mientras que afuera el calor subía hasta casi el doble. Es por esto que se necesitaban miles de esclavos para poder realizar la labor de acondicionamiento del aire.

La vida siempre ha sido así, de satisfacer necesidades. También de evolucionar y encontrar métodos—a través de las ideas—de aliviar necesidades sin el sacrificio de otros. En fin, las necesidades ni se crean ni se destruyen: se transforman. Gracias a Nicolas por darnos la autonomía de que una fuerza artificial nos mueva, a Da Vinci por la idea. A los egipcios por encontrar soluciones para sobrevivir, a la tecnología por permitirnos comunicarnos alrededor del mundo a través de un clic, a los robots que sirven y atienden personas, y a todo aquel que día a día sigue con esa insaciable hambre de identificar las necesidades del ser humano para crear ideas que transformen esas necesidades, y poco a poco, vivir de ellas, en defensa propia.

LA RAREZA

La rareza humana es lo que llamamos comúnmente como madurez. Las rarezas positivas son nuestras habilidades y las negativas, nuestros defectos. Cuando consideramos que una persona es inmadura es simplemente porque en nuestro radar de ideas y conceptos, esa persona es rara o con exceso de rarezas negativas. Ahora, ¿por qué la rareza es imprescindible? Porque la gente anda buscando lo imperfecto. La gente idolatra lo perfecto, pero busca lo imperfecto. Hasta las cosas más perfectas tienen algo de rareza en sus proporciones. Lo que critican los demás de ti, es lo que te hace distinto y diferente. Y por ende, lo que debes aplicar en tu marca personal o producto. Si te preguntas como identificar tu rareza, lo que no sabes es que siempre has tenido la respuesta a tu lado: tu mamá. Las madres son los seres más honestos del mundo y son aquellas que glorifican o repudian todo tipo de rarezas.

Mi mamá siempre me decía: *"¡Ay, Luis Franco pero tu si eres intenso!"*. Y así como te comenté al principio de este pasaje de páginas, todo en la vida es cuestión de interpretación. La palabra intenso para mí era la gasolina para marcar mi rareza ante todo lo que hacía o mi respuesta ideal para acomplejarme. Y sí, mi mamá estaba en lo correcto. Soy intenso. Todo lo que hago lo realizo como si estuviese en el minuto noventa de la final de una copa mundial de futbol, lo dejo todo en la cancha. La cancha de la vida.

También soy muy analítico y observador. Esto para mí no es solo un libro. Es una oportunidad de tener conversaciones al desnudo, raras, poco comunes y hablarte de manera clara de que has sido persuadido toda tu vida, y lo que te falta aún. Pero que también te animes a persuadir con propósito, de manera positiva. Ojo, este libro es como un recetario de cocina, yo te digo los ingredientes, si lo pasas de cocinado el plato o te quedas crudo, ya eso es cuestión tuya. Por otro lado, también soy muy metafórico. Asocio todo con la vida y la capacidad de cada vez ser mejores a través de contar historias y dejar mensajes que perduren a través del tiempo. Allí ya tienes tres rarezas sobre mi: intensidad, análisis crónico y un toque de filosofía satírica y rebelión ante lo mundano y existencial. Una rareza te lleva a la otra. Eso me lo ha dado mi madre, mi padre, mis amigos, mis exparejas y aquella profesora que me dijo que jamás llegaría a ser alguien en la vida por mi rebeldía.

Sé rebelde ante la vida, reta al status quo[26], reta tu propia manera de pensar y atrévete a hacer preguntas que te dejen con un mensaje ante la vida. El talento no sirve de nada sino tenemos un sello diferenciador que nos catapulte y nos haga imprescindibles. A eso le llamo ser alguien esencial. Esas rarezas nos diferencian y, por tanto, nos definen. Ellas nos ayudan a encontrarle significado

---

[26] Expresión en latín que señala como se encuentran los hechos o las cosas, bien sea por decisión propia o fortuita.

a nuestra vida. De las rarezas, nace la madurez. La madurez es aceptar algunas de esas rarezas y combatir otras. Pero son justamente nuestras rarezas las que nos hacen valiosos. En fin, la rareza es también lo que nos hace encantadores para algunos e insoportables para otros. Por lo tanto, nos define. Siempre indaga que te hace distinto y descubre el porqué de las cosas. Por ejemplo, una de las maravillas del español es que podemos reconocer el SER y ESTAR en nuestro idioma. Los ingleses no tienen esa capacidad. En otras palabras, nosotros podemos distinguir lo que es ser idiota y estar actuando como idiota, ellos no.

La rareza es entender que la vida consiste en añadirle un toque diferenciador a tu talento, es entender que en la vida no siempre gana el más habilidoso, sino el más único en hacer lo que hace. En la vida hay tres formas de ganar: llegar de primero, ser el único en llegar, o ser el más raro en hacer lo que haces. Y adivina qué: en cada una de ellas, necesitas persuadir.

La persuasión será distinta en cada etapa de la vida y de acuerdo con lo que se desea lograr o establecer. Personalmente, me he dedicado a examinar el comportamiento de diferentes personas y de qué manera expresaron su persuasión a través del lenguaje verbal e invisible. Organicé dos grupos focales precisamente para discutir el tema de la persuasión y la impresión que les causa el tema. Un grupo era hispanohablante y otro anglosajón. Sin planificación alguna sobre la demografía o características de cada sesión, el primer grupo se compuso principalmente por personas de cuarenta años en adelante aproximadamente y el segundo grupo resultó dominado por personas de la generación Z. La interacción en ambos grupos fue totalmente diferente. Desde sus opiniones sobre el tema hasta la manera de interactuar entre ellos, la diferencia era totalmente notable y no solo por sus edades, sino por la manera en que se sentían con respecto a lo que ellos entendían que es la persuasión.

Estas fueron las observaciones principales del **primer grupo:**

- **La puntualidad fue clave:** Se comenzó a la hora pautada ya que la mayoría de los participantes estaban conectados a la hora programada.

- **La formalidad era tácita:** Los participantes escribieron sus nombres incluyendo sus apellidos.

- **La necesidad de desarrollar pensamientos:** Cada uno de los participantes comenzaron sus presentaciones de la misma manera, pero con una peculiaridad. El tiempo separado para esta dinámica era aproximadamente de quince minutos, pero resultó en treinta y cinco minutos ya que cada uno se fue en detalle hablando de sus roles.

- **La interacción entre ellos fue muy políticamente correcta:** Cada cual esperaba su turno, al finalizar las observaciones y comentarios de la persona que estaba hablando, la siguiente persona levantaba la mano para exponer sus opiniones.

- **La persuasión fue el punto decisivo:** Al momento de preguntarles cuál era su impresión acerca de la palabra *persuasión*, el grupo estuvo dividido. La mitad de ellos la asociaba con una destreza que incluso nunca habían pensado en colocarla como una fortaleza en el área de las competencias en un currículum. La otra mitad asociaban la persuasión como algo peligroso y más inclinado a la manipulación. Incluso indicaron que de ver la palabra presentada como una *"cualidad"* en el área de las destrezas de un currículum, no contratarían a ese candidato. Esta mitad la visualizan más como un arma que una herramienta.

- **Cautela al hablar:** La interacción digital de este grupo fue mínima y en su mayoría solamente interactuaron al momento compartir sus expresiones personales y en indicar si estaban de acuerdo con lo que otra persona opinó. Una vez dado por terminado el grupo focal, simplemente se despidieron y salieron del salón digital.

Ahora, miremos las observaciones del **segundo grupo:**

- **La impuntualidad se remarcaba:** La sesión comenzó unos minutos más tarde a lo programado porque no todos los invitados estaban conectados a la hora programada para iniciar. Hubo entrada al salón digital durante todo el transcurso ya que diferentes personas se iban conectando en diferentes momentos.

- **La diversidad e inclusión eran parte de la mesa:** Al escribir sus nombres para la pantalla, incluyeron sus pronombres, por ejemplo: *Luis Moros (He/Him)* que en inglés son los indicadores del género con el cual se identifican.

- **Conexión instantánea:** A pesar de que el segundo grupo doblaba en número los participantes al primero, la ronda de presentaciones fluyó mucho más rápido. Realmente se limitaron en ir directamente a mencionar nombre, desde donde se conectaban y a qué se dedicaban de manera macro.

- **Todos querían participar:** Lo que comenzó a suceder una vez abrimos el tema de la pregunta inicial, que fue la misma para ambos grupos: ¿Qué piensas, sientes, o asocias con la palabra persuasión?, fue asombroso. Inmediatamente las manos virtuales para hacer turno para hablar eran de más de la mitad del grupo. Mientras un exponente estaba compartiendo su opinión, todos los demás validaban o contradecían sus posturas en el chat.

- ○ Otra cosa que fue impresionante es que de manera inmediata comenzaron a compartir sus redes sociales, pero no las típicas que pensarías, sino más bien los perfiles profesionales que hablan y exponen sus experiencias laborales, de estudios y de conexiones que pueden brindarles otras oportunidades y carreras. En menos de diez minutos ellos se encargaron de crear un evento de *networking* dentro del chat virtual de la reunión.

- **La modernización de la persuasión:** Para este foro, cada uno de los participantes el tema de la persuasión era vista como una herramienta necesaria para alcanzar las metas personales y poder llamar la atención de figuras en el poder, influencia y hasta del ojo público. De otra manera no avanzarían. Reconocen que quien no se sabe vender de la manera correcta y no sabe aprovechar las oportunidades instantáneas que la vida te permite, estás en riesgo de perder la oportunidad de atravesar una puerta que se abre y que si no eres tú, otro la va a atravesar.

Con todo lo que se logró compartir en los diferentes grupos pude concluir que la persuasión será utilizada de acuerdo con la etapa de vida que estés viviendo, los recursos que tengas, y las metas que te propongas. Por ejemplo: una persona pudiente que cuenta con los recursos económicos para poder estudiar en la universidad que quiera y no depende de becas o programas especiales para entrar y permanecer, probablemente tendrá menos destrezas de persuasión que aquella persona que necesita competir por programas de internados, becas y otras ayudas federales y estatales para lograr avanzar y permanecer dentro del mundo de estudios y carreras que desea. Y es que precisamente, es importante que entiendas que un evento de *networking* puede estar compuesto por dos personas o más. Es decir, la finalidad de este tipo de evento social/empresarial tiene como propósito conocer personas y poder expandir tu cartera o banco de recursos. De hecho, la palabra networking tiene origen de la unión de *Net*, que significa red y *working,* que significa trabajando. Networking es, entonces, ese círculo social-profesional que te puede brindar varias oportunidades de crecimiento y referencia con tu empresa o tu negocio si eres un emprendedor. Networking es aprovechar un espacio y tiempo determinado para conocer personas que puedan aportar para tu aprendizaje en la vida laboral.

En este tipo de eventos o encuentros tienes que venderte a ti mismo y debes dejar una huella o más bien causar una impresión para que las personas logren recordarte. Esto es lo que traerá como resultado que otra persona desee emplearte, conectarte con otros o hacerte parte de algún programa u oportunidad que puede cambiarte la vida. Recordando siempre ser genuino y natural, no forzar relaciones ni conexiones, solo fluir. Por lo que un encuentro con otra persona en un elevador, un intercambio de miradas en el metro, en un lugar ordenando un café y hasta en una fila común, puede convertirse en la oportunidad para expandir tu banco de recursos humanos a la universidad de la vida. Todo va a depender si te mantienes alerta, escuchar atentamente, y saber el espacio y la oportunidad correcta para atacar con lo único que tenemos: nuestra historia.

Retomando mi investigación premia, en el primer grupo había una vasta gama de profesionales, pero ninguno pareciera tomar ventaja de compartir un foro donde pudiesen darse oportunidades de negocios o relaciones personales. Sin embargo, en el segundo grupo, inmediatamente la intención de conectar y ver las posibilidades era intencionalmente evidente. Tan así, que desde ese mismo momento comenzaron relaciones interpersonales que han dado paso a posibilidades de internados y oportunidades de empleo. En la misma llamada de conferencia, uno de los presentes confirmó que tenía una vacante disponible. Así que, la persuasión como herramienta tendrá el valor que cada persona le dé en acuerdo con su estatus social, nivel económico y condiciones de entorno, según sean necesarios.

Esto fue visible una vez más cuando le realizamos una entrevista a dos profesionales de diferentes campos pero que a la vez trabajan brindándoles oportunidades a personas que no tienen un alto nivel adquisitivo. Uno de ellos, Eric Feldman, actual Director Ejecutivo en Washington D.C. de la Universidad Internacional de la Florida, y la otra es Mariana Ponce, CEO del programa "La Burbuja", Iniciativa Venezolana para el Desarrollo Positivo Adolescente en Venezuela. Fue interesante ver la respuesta de ambos profesionales con relación al tema de la persuasión. Uno estaba a favor y otro en contra. Mariana reveló como la persuasión es fundamental durante la adolescencia y cómo puede ser capaz de incrementar nuestras habilidades sociales y académicas. Marlene tiene un programa que se encarga de sumergir a los adolescentes en un espacio fuera de su realidad, donde les enseña cómo lidiar con todos los obstáculos de nuestra generación y así se sientan preparados al salir de esa burbuja de aprendizaje. Por otro lado, Eric Feldman se encarga de supervisar cada año más de 500 pasantes en Washington D.C. Justo él fue quien creyó en mí y el primero en darme la oportunidad de estudiar y trabajar en la capital política. Eric comenzó criticando el concepto de la persuasión y terminó a lo largo de la entrevista reconociendo que ha utilizado y aplicado el concepto en varias ocasiones sin darse cuenta de que lo estuvo haciendo con sus estudiantes tanto para toma de decisiones como elegir pasantías o durante espacios de networking. Y es que como se ha compartido a lo largo de todo este material, la persuasión no es algo que podamos definir, no es positivo ni negativo; puede ser una herramienta, como también un arma. La puedes usar para avanzar y sacar provecho, como también la pueden utilizar en tu contra, o puedes tu utilizarla para manipular el comportamiento de otros. Saber identificarla es importante para que puedas reconocer ambas posturas.

Recuerda que lo importante para sacar un mejor provecho de las oportunidades que son de *networking* es causar una impresión en la persona que te escucha para que, aunque no se aprendan tu nombre, no logren olvidarse de ti. El networking siempre estará allí. Sino dímelo a mí que conocí a mi pareja actual en la sala de networking de unas de las conferencias más influyentes de América. Dímelo a mí que la editorial de estas páginas lo conocí en la sala de networking de esta misma conferencia. O dímelo a mí que conocí a mi actual mánager y relacionista público en una sala de networking en Washington D.C.

Carajo, estoy empezando a dudar hasta de mi existencia. Todo empezó a través del networking. Mi padre conoció a mi madre en el momento que jamás imaginaban que se convertirían en mis padres. Todo erradica allí, en el contacto humano, en la alianza, en la pareja, en la constante ganas de transmitir algo. De hacernos sentir. Punto.

KIT DE EMERGENCIA

1. **Aplica el método PIXAR:** La empresa estadounidense de animación audiovisual, Pixar, estableció su propia fórmula para crear las narrativas de cada una de sus películas o animaciones. Aunque ¨Buscando a Nemo¨ e "Intensa Mente" son dos películas producidas por Pixar con una historia y desarrollo totalmente distinto, ambas comparten la misma fórmula de storytelling. Esta fórmula consiste en seis (6) palabras de transición: Había una vez, cada día, un día, es por eso que (x2), y hasta que finalmente. ¡Practícalo y arma tu propio *elevator pitch* (un término usado cuando solo tienes segundas para compartir un concepto), usando la misma técnica de Pixar con tu historia!

2. **Aplica la ley de la repetición:** El networking se trata de hacerte inolvidable en cuestión de minutos, a veces segundos. Para eso, aplica la reconocida y usual ley de la repetición. Sin excederte, establece tu identidad en el

espacio que te encuentres. Acentúa tu nombre al estrechar la mano, repite el nombre de la persona con la que hablaste al despedirte para que perciba el grado de relevancia que le diste al pronunciar su nombre. También trata de destacar a que te dedicas y que haces en el espacio que estás.

3. **Conoce a los invitados *a priori*:** Antes de asistir a un evento, ve con un propósito claro. ¿A quién le darás tu *elevator pitch*? ¿Qué deseas obtener de esa conversación? Respóndete esto antes de ir a cualquier evento. Arma un plan estratégico en tu mente sea para crear relaciones genuinas y construir con el tiempo una amistad o sea para directamente concretar un dialogo más cercano que los pueda llevar a establecer lazos de negocios.

4. **Estudia la generación de tu audiencia:** Sencillo. Puedes lucir inmaduro o muy sofisticado si no conoces la generación de tu audiencia. No se trata de vender algo que no eres, se trata de moldear tu personalidad. No se trata de dejar de ser tú y borrar tu identidad, se trata de observar lo que buscas allí y lo que deseas que otros perciban de ti. Por ejemplo, si estoy en una sala donde predominan personas de cincuenta a sesenta años—en realidad, es la mayoría

de las veces—pues trataré de mencionar mi pasión por el arte y no el nuevo sencillo de Bad Bunny. Ahí te lo dejo.

5. **Llévate a un aliado:** Opcional, aunque recomendable. Llévate a esa persona que es tu espejo, aquella que refleje tus mismos valores o misiones de vida. Una buena compañía da autoridad, seguridad y prestigio. Cuando llevas personas de más alto nivel que tú a un evento, haces que tu compañía e identidad tome prestigio, y como dicen por ahí, "eres juzgado por la compañía para la que trabajas." ¿Cierto?

LA VESTIMENTA: EL SECRETO DEL NETWORKING

La vestimenta es la subestimación más irresponsable que puedas hacer en tu vida. La manera de vestirte puede abrirte o cerrarte una oportunidad de trabajo, atraer o disgustar a una persona que te guste, excitar o aburrir a tu pareja, darte importancia o restártela, convertirte en el icono de un evento o en aquello que te convierte más nulo que un cero a la izquierda. En sí, cuando hablamos de lenguaje corporal nos referimos al lenguaje no verbal: a la manera en que vamos vestidos. Lo que vestimos y como lo vestimos genera un impacto en fracciones de segundo en aquel que te percibe.

La Universidad de Madrid realizo un estudio a más de 3,000 estudiantes de diferentes edades, carreras, y género. El estudio indicó que la mayoría de los estudiantes sentían que su ropa tenía un efecto sobre sus niveles de desempeño, confianza en sí mismo e incluso potenciaba sus habilidades de negociación dentro y fuera del salón de clases. Por otro lado, estudios indican que siete de diez personas harían negocios con una persona que parece segura de sí misma y vestida con gusto y, rechazarían a alguien que se presentara en una reunión como si acabara de levantarse de la cama.

En sí, la vestimenta es la hija de la moda. La moda con M de madre es lo tangible y la representación de lo que el alma nos habla. La moda es la herramienta que podemos tocar y es la personificación perfecta de la comunicación y el marketing. No existe marketing sin la presencia de la moda. No existe comunicación asertiva sin la participación de la moda. La moda se hace sentir desde una boda hasta los certámenes de belleza. Desde las calles de París hasta la Guerra de Vietnam. La moda ha logrado paralizar el mundo, revolucionar ideas, y hasta cambiar paradigmas en la sociedad. Una muestra de cómo la industria de la moda paraliza el mundo se refleja en los certámenes de belleza. Un concurso de belleza es el coliseo romano de la era moderna. El lujo, las jerarquías, los adinerados, jueces y el resto de la población disfrutan un evento que se trata de dos cosas: juzgar hasta destruir sueños de mujeres jóvenes o juzgar hasta catapultar a una joven al estrellato televisivo y artístico. Todo con la excusa de juzgar la belleza y la moda. Los certámenes de belleza se centran en el maquillaje, el cabello, el traje de gala, el modelado de trajes de baño y las entrevistas personales. Es una noche mágica para las concursantes y una noche donde la crítica inútil está a flor de piel y además es totalmente normalizada por el colectivo. La moda ha sido un factor de rebelión para acabar con el patriarcado en la era de 1940. Mientras que los hombres defendían la democracia de sus naciones en la Primera Guerra Mundial, diseñadores como Christian Dior rescataban la austeridad y la tristeza del continente europeo y a su vez liberaba a las mujeres de un código de vestimenta rígido para cumplir estándares obsoletos. Dior logró establecer el *"comfort"*[27] o la funcionalidad como parte fundamental de la ropa que en la actualidad vestimos. Al final de 1945, los pantalones sustituyeron los corsés, las faldas sustituyeron los vestidos largos, y la modernización llegaba a España con el uso de zapatos deportivos, sudaderas con capucha y pantalones *"stretch"*[28]. Lo que resultó una bofetada para la España de 1968 que resaltaba por las hombreras, botas altas, cueros, brillos y cueros. En un momento crítico en la economía española, las mujeres tuvieron el apoyo de diseñadores de vanguardia para decirle abajo a los corsés y arriba a los pantalones.

---

[27] Refiriéndose a la comodidad al vestir.

[28] Esos pantalones que estiran.

Una vez más, si de algo sirve estudiar la historia es para aprender lecciones a largo plazo. No hay una mentira más irresponsable que decir *"el que no conoce su historia está condenado a repetirla"*. Eso es absurdo. No puedes responsabilizar a una generación entrante de los desconocimientos o la irresponsabilidad consciente de los gobernantes de generaciones pasadas. Diferentes actores nos llevan a una realidad distinta. Lo que sí puedes hacer es sacar las lecciones a largo plazo de los sucesos históricos. Eso sí. En este caso, la historia demuestra que mientras el hombre dejaba la vida por causar un cambio político, las mujeres trabajaban desde casa para marcar un cambio social y unificar culturas a través de la moda y la disrupción de códigos de vestimenta que hacían no más que rellenar los estereotipos del colectivo. Mientras la batalla se alargaba en las trincheras entre los hombres, las mujeres habían empezado a enfundarse los pantalones y monos de trabajo de sus maridos para ir a las fábricas. También se habían hecho trajes con sus abrigos de lana áspera, e incluso se habían calzado sus botas. La moda es aquella herramienta que simboliza la historia que permanecerá a través del tiempo. A eso le llamo, historia sostenible. La moda es a largo plazo, es cambiante. No hay formula exacta que defina un "buen vestir", pero sí que hay una fórmula para vestir adecuadamente. Eso no me compete a mí, eso se lo dejo a los diseñadores. Vamos a lo que vamos, a entender lo que nuestra ropa transmite a la hora de conectar en una cena de negocios, crear alianzas en tu rubro profesional o a la hora de llegar a un sitio desconocido.

Según la diseñadora española Agatha Ruiz de la Prada: *"Mi percepción de moda es rara, inusual y extravagante. Quiero que la gente al vestir mis prendas sienta comodidad y comunique lo que lleva puesto"*

Al final, la moda ha logrado tres cosas fundamentales en la sociedad: su democratización social, ser el portavoz de la esencia de un ser humano y el micrófono invisible que nos ayuda a comunicar antes de decir quiénes somos.

CREA TU CÓDIGO DE VESTIMENTA BASADO EN TU MARCA PERSONAL

Psicólogos indican como una persona con un estilo propio tiende a impactar un círculo social de una manera más rápida y efectiva por tu forma de vestir. Un buen "outfit"[29] genera interés y refleja una habilidad universal: el poder de elección. En el mundo del networking, la persona que causa más impacto es aquella que es diferente. Por ejemplo, resaltarás más si llevas un traje blanco en una cena de negocios donde la mayoría de los hombres son más

---

[29] La combinación de prendas seleccionada para una ocasión especial.

propensos a usar un traje negro o azul oscuro. La irreverencia vende, causa atención, y genera un llamado al acercamiento social.

Si queremos persuadir antes de pronunciar la primera palabra y que las miradas se fijen en ti al entrar a una sala de eventos, necesitamos tener en cuenta los siete ingredientes para crear un código de vestimenta efectivo basado en tu marca personal: identidad, elegancia, irreverencia, comodidad, mensaje, estructura, y el olfato sensorial.

Identidad: Hay una diferencia entre arreglarse y vestir. Durante mi infancia escuchaba a mis familiares y amigos decir: *"Luis, déjame arreglarme para salir"*. Yo nunca me sentía arreglado al vestirme, me sentía cómodo. En la comunicación sensitiva, vestir es la construcción de una idea a través de la moda, arreglarse es colocarle un adhesivo a algo que ya está de por sí defectuoso. Allí la diferencia. A llamar las cosas por su nombre. Si quieres a empezar a cultivar la elegancia desde dentro, quitémonos la creencia de que debemos *"arreglarnos"* para salir y disfrutemos el proceso de construcción de nuestra marca personal, el proceso de vestir. La identidad en la ropa se puede llevar a cabo en los colores o en la prenda que deseemos vestir. La identidad siempre será el primer paso para completar un outfit acorde a tu personalidad. Es por eso que cuando vas a una tienda siempre te preguntan: *"¿para qué tipo de ocasión busca su outfit?"*. Al vestir, transmitimos emociones, gustos, colores, estilos de vida, y hasta ideologías. El rosado puede simbolizar la lucha contra el cáncer de mama, el rojo se puede referir al sensualidad el amor y en casos el comunismo, el negro hace alusión a la elegancia y en muchas ocasiones para sentirse o verse más delgado y como también es utilizado para un velorio—en algunos países—, el blanco es sinónimo de justicia y pureza, el verde es la lucha en contra de la contaminación ambiental, y siga usted la lista. La identidad siempre estará a flor de piel en la moda y la establecemos cuando empezamos a crear nuestra marca personal, a firmar ese contrato con nosotros mismos con nuestros gustos y barreras.

Elegancia: ¿De qué sirve llevar la elegancia por fuera si no la cultivas por dentro? Eso es como vestir a satanás de blanco, es absurdo. Así funciona la manera en que vestimos. La elegancia empieza cuando la gente te dice que todo te queda bien y termina al instante que piensas que Gucci y Louis Vuitton son sinónimo de autenticidad, poder y elegancia. La elegancia es mucho más que un bolso o un traje de seda. La elegancia radica en cuán cómodo te sientes con lo que llevas puesto y tu atracción hacia el color y atuendo que luces. La elegancia se define en tu manera de caminar, la atención que reflejas ante cada conversación que se genera en un evento, en el protocolo al comer y al reflejar una simetría entre lo que vistes y lo que eres como ser. Cuando existe esa relación entre lo que vistes y lo que sientes en cada espacio que recorres, allí está la elegancia.

Comodidad: Hay tres razones por la cual la moda será siempre una historia a largo plazo, indetenible, con ideas existentes pero irreconocibles ante el ojo humano y algo de lo cual siempre necesitaremos: para una ocasión especial que nunca es suficiente para decirle que no, protegernos del clima, para reflejar de manera inconsciente o consciente nuestro estado de ánimo, y bueno para no andar en pelotas por la vida. Estas son las razones por la cual la ropa es una necesidad en la vida y cada una de ellas hace referencia a la comodidad y el confort que nos genera en cada situación de nuestras vidas. Para no andar desnudos por la vida, la ropa es lo que nos acobija del frio y el traje de baño lo que nos cubre lo necesario para el calor. Un buen atuendo para una ocasión especial nos hace sentir en control de todo lo que nos rodea y confiados de entablar conversaciones con desconocidos ya que, con nosotros mismos, estamos cómodos y en simetría con lo que queremos proyectar. En fin, la moda no es más que sentirse en armonía con uno mismo y a su vez reflejar esa proyección y confianza personal que hace que una sala de desconocidos pueda notar tu frescura y autenticidad. A partir de aquí empieza la frase trillada: *"Ay, pero a ti todo te queda bien"*. No te queda bien porque sea caro, de color oscuro o de diseñador. Te queda "bien" para los demás porque estás en armonía con cada prenda que llevas puesta.

Mas allá de verte cómodo necesitas sentirte cómodo ya que eso te llevará a un mejor desarrollo del tiempo al construir una buena relación empresarial o amistosa ya que trasmites y haces sentir a la persona con la que estas interactuando y de allí empiezas a construir lo más importante que es la confianza. Como por ejemplo si tienes unos zapatos cómodos puedes estar de pie por más tiempo y lograr tu objetivo.

Irreverencia: Lee irreverencia tres veces y luego cierra los ojos por diez segundos. Pausa la lectura. ¿Vino a tu mente Katy Perry, Harry Styles, Lady Gaga, Miley Cyrus, Andy Warhol, Celia Cruz, Michael Jackson, ¿y los consejos de una abuela? Todos ellos son sinónimo de irreverencia. Son muestra que un ingrediente esencial para la fama y el éxito en general es la irreverencia de tu marca personal. La irreverencia es crear una necesidad en los demás, esa necesidad de ver con que saldrás a la sala. Al mismo tiempo, es el siguiente paso para enfatizar tu presencia y tu marca personal. Por ejemplo, un video de Harry Styles tiene un promedio de quince millones de visualizaciones. Sin embargo, sus trajes, pantalones, e irreverentes joyas han sido la inspiración para más de 100 millones de jóvenes alrededor del mundo. Tanto así que la Universidad de Texas creó un curso entero para estudiar la irreverencia de la cultura pop en el cantante. La irreverencia vende, algunas veces más que tu propio talento. La irreverencia incrementa la demanda de cualquier empresa. La marca de ropa Benetton es una prueba de ello. A inicios de la década del 2010, la marca italiana se encontraba en sus tasas de demanda más bajas desde su inauguración, enfrentando riesgos de una posible quiebra. En medio de una sociedad que hipócritamente aceptaba cosas que de por sí no necesitan aceptación como lo es la homosexualidad y el matrimonio igualitario, Benetton decide gritarle al mundo que la religión ha sido la enemiga de la diversidad y de la inclusión. Y sí, digo que el matrimonio no debe ser aceptado porque aún no conozco a un juez que se encargue de juzgar la naturaleza, que es una obra divina. Los sacerdotes y la iglesia juegan a eso, a juzgar lo natural, lo divino, las obras de Jesucristo, porque se creen omnipotentes y discípulos de Dios. La homosexualidad es parte de la naturaleza humana. No podemos juzgar ni aceptar algo que por naturaleza existe. Los jueces juzgan los actos cometidos por el ser humano en vida, por eso imparten decisiones y sentencias que deben ser pagadas en vida. Es absurdo el tan solo intentar aceptar la homosexualidad y juzgar algo que de por sí es obra de Dios.

Benetton pensaba lo mismo. Pensaba que era hora de protestar en contra de la aceptación falsa de la sociedad, sobre todo de la religión, y llevar un mensaje de inclusión nunca antes visto. El vaticano tembló al leer las vallas publicitarias que anunciaban una de las campañas más irreverentes y trasgresoras en la historia de la publicidad y el marketing. En 2011, Benetton, fiel a su trayectoria de colores, generando una molestia consciente, lanzó al mundo su proyecto *UNHATE*. Un proyecto de una marca italiana que atacaba principalmente a la institución religiosa más sagrada ubicada en El Vaticano, Italia. Las vallas publicitarias mostraban al papa Benedicto XVI besándose con un imán egipcio. Como consecuencia, El Vaticano censuró dicha campaña, escribió un comunicado que fue replicado por todas las instituciones religiosas que rechazan la homosexualidad. De manera inconsciente, como efecto dominó, el papa le estaba haciendo una publicidad gratuita a Benetton a nivel mundial. Bingo. Benetton no quebró, salió a flote, produjo 200 veces más de lo que produjo desde sus inicios y se catapultó en el mundo de la moda. Allí está. La irreverencia bien estructurada, con un mensaje, y una molestia inteligente genera dinero, influencia y alcance social.

Periódico El País, 2011

La irreverencia es sinónimo de rebelión. Es la hermana del desafío social. Cuando somos irreverentes es por una razón: eliminar un estereotipo o fomentar una manera de pensar que de por sí, no es común. De allí nace la irreverencia: de la necesidad de crear un cambio social. Lo mismo sucede al vestir. La irreverencia de tu vestir refleja la rebeldía o los atributos de tu personalidad.

Mensaje: Esto es lo que los estadounidenses en política le llaman el *"ask"*[30]. En la moda se interpretaría como el mensaje. Cuando hablamos de un buen vestir, debemos hablar de cercanía personal. ¿Cuál es el factor de la vestimenta que directamente le comunica al que te observa tus emociones y personalidad sin tú emitir una sola palabra? Los colores. La tonalidad de los colores son sinónimo de emociones o estados de ánimo. En algunos casos inconscientemente los colores reflejan tu marca personal, lo que sientes, o lo que quieres que otros perciban de ti.

Estructura: La estructura al vestir es la manera en la que se pliega o unen dos o más piezas de tela, dándole la forma tridimensional al producto. Es lo que define la comodidad al vestir, sea ropa holgada, ajustada, o sport. Adicionalmente, la estructura es lo que define el código de vestimenta ya sea formal, semiformal,

---

[30] Se refiere a una petición, razón, propósito o lo que quieres lograr en una reunión o evento.

deportivo, tipo coctel, informal y cuanto código se invente la gente basada en sus estereotipos. El peor error que puede promocionar un diseñador o especialista en moda es establecer reglas a la hora de vestir. Vivimos en una sociedad donde desde que somos un feto, se nos imponen leyes, políticas y limitaciones. Recorremos nuestra infancia con limitaciones familiares y siguiendo requisitos y normativas del gobierno. Llegamos a la adultez observando bajo un punto de vista crítico sobre como los pilares de la sociedad: la familia, la política y la religión termina consumiéndonos y dominando nuestros pensamientos, acciones, verbos y andares. A decir verdad, la manera de vestirnos es uno de los pocos privilegios personales que podemos disfrutar a plenitud y, ¿también permitiremos que otros nos digan como vestirnos? Sería ridículo el solo pensarlo. Dicho esto, la estructura al vestir es unos de los indicadores principales para marcar tu estilo sea por la textura, ancho, botones o siluetas. Siempre he estado en contra de las etiquetas y todo lo que sea considerado "malo" o "bueno" basado en opiniones y estereotipos y no por hechos o estudios per se. El buen vestir es identificar aquello que te siente bien, encontrar los colores que reflejan tu personalidad y actitud, y entender que el vestir es una de las formas más genuinas de demostrar quién eres y una de las piezas fundamentales para leer la personalidad de otras personas. Es hora de sentir más a plenitud lo que vistes y dejar a otros descubrirse a través de la moda. Para de decir, *"eso no te combina"* o *"esos zapatos no combinan con esos pantalones"*. Además de ser un comentario absurdo, estás limitando a otros que se vistan con colores o estilos basados en tu criterio. Es absurdo decir que cierta ropa no te combina, ¿quién eres tú para decir que eso no combina?, ¿no combina para tus gustos, por qué no puede combinar a mi criterio? Cada vez me preguntó, ¿en qué parte dice que el zapato de tal color va con el pantalón de tal color?, ¿acaso hay una biblia o constitución internacional de la moda? En la vestimenta, las combinaciones son tan similares como las combinaciones de las cajas fuertes. El hecho de que la combinación de mi caja fuerte sea diferente a la tuya no quiere decir que la eficiencia, seguridad y calidad de tu caja fuerte sea distinta o de menos. Lo mismo sucede a la hora de vestir. Este tema de combinarnos y opinar sobre las combinaciones de otros es simplemente otro ejemplo de las prerrogativas y como la sociedad influye en las decisiones de los demás generación tras generación.

Olfato sensorial: El olfato es el sentido más variado y sensible de nuestro cuerpo. Es imposible no hacer expresiones faciales al olfato hacer de las suyas en cualquier espacio. De hecho, nuestra nariz es capaz de percibir más de 10,000 tonalidades de distintitos olores en 24 horas. El olfato mide el bienestar de un ser humano. Los diferentes aromas pueden cambiar su estado de ánimo, transportarlo a un recuerdo distante e incluso ayudarlo a crear lazos entre otras personas. Ya sea el café recién hecho, los pinos en un bosque o el humo de un incendio, las cosas que olemos son, en realidad, pequeñas moléculas liberadas por las sustancias que nos rodean.

Esas moléculas son denominadas feromonas. Estas son sustancias químicas que los cuerpos orgánicos producen para ser recibidas por nuestros congéneres y provocar en ellos diferentes reacciones. Estos aromas químicos que liberan tanto animales como plantas son un medio de comunicación; por esta vía se generan códigos para atraer o rechazar sexualmente, o algún otro fin. Por ejemplo, insectos como las abejas, son atraídos por las feromonas de su reina; las hormigas las emplean como señal de reclutamiento, reconocimiento o alarma. ara los seres humanos, el sentido del olfato es el más desarrollado cuando nacemos, es por ello que un bebé puede identificar el aroma de su madre y distinguirlo entre otros. Nuestra nariz es sumamente sensible, en ocasiones se requiere una muy baja concentración de algún compuesto para que éste sea detectado por los receptores olfativos, y podemos registrar hasta diez mil aromas diferentes. Hay perros que tienen el olfato mucho más desarrollado: un sabueso puede seguir un rastro olfativo por hasta quince días y, por supuesto, el animal con el sentido del olfato mejor desarrollado es el elefante africano, pues cuenta con una enorme trompa que le permite oler a diez kilómetros de distancia.

Algunos estudios de investigación han comprobado que las personas somos capaces de recordar el 2% de los sonidos, 5% de lo que vemos, 15% de lo que probamos, pero 35% de lo que olemos, es decir, nuestra memoria olfativa es mucho mejor que en el caso de otros sentidos. Esto quiere decir que si se desea estimular a una persona y que lo conserve en sus recuerdos, será mucho mejor a través de olores que con sonidos, vistas o sabores. La naturaleza está plagada de olores agradables y desagradables también; casi todos preferimos los aromas de flores, maderas, cítricos y éstos pueden ser utilizados para persuadir a las personas.

Cuando respiramos estas moléculas, ellas estimulan las células sensoriales especializadas en lo profundo de la nariz. Cada una de estas células sensoriales tiene un solo tipo de receptor de olor — una estructura en la célula que se prende de manera selectiva en respuesta a un solo un tipo de molécula "aromática" específica. En el ambiente hay más olores que receptores de olores hay en la nariz. Pero una determinada molécula puede estimular una combinación de estos receptores y así crear una representación única en el cerebro de un olor en particular. En la nariz tenemos diferentes combinaciones de células detectoras de olores, explica, por lo que cada persona tiene una sensibilidad a los olores muy diferente. De hecho, cuando usted o yo olemos la misma cosa física, nuestras percepciones podrían ser muy diferentes. A través de los olores se puede persuadir, tal cual sucede con las feromonas, es decir, se trata de un proceso natural; sin embargo, en los productos de consumo esto puede emplearse como una gran herramienta.

Desde hace miles de años las esencias y aromas han sido utilizadas por el ser humano para influir comportamientos y actitudes, y ahora, en pleno siglo XXI presentan un gran auge debido al marketing sensorial. Por medio de esta técnica se busca incitar el sentido menos aprovechado por los productores: el olfativo, ya que es comercialmente virgen a pesar de ser de rápida asociación y el de mayor permanencia en la memoria. La conexión con un aroma agradable puede cautivar a un cliente y hacerlo comprar reiteradamente el mismo producto. Por el contrario, un olor desagradable, sea por la naturaleza del producto o porque su calidad no es la óptima, puede provocar rechazo. En este último caso, es necesario enmascarar esos aromas, como sucede con muchos de los limpiadores químicos. El marketing olfativo cobra cada vez mayor relevancia y puede representar una gran oportunidad para los fabricantes e industriales

Hoy en día, el poder persuasivo de un olor no se puede disuadir, entra en nosotros como el aire en nuestros pulmones, nos llena, nos impregna totalmente. No hay remedio que combata este poder.

Al final de nada sirve vestirnos como reyes,
si nos sentimos como plebeyos.

KIT DE EMERGENCIA

COLORES QUE TRANSMITEN PODER

1. **Negro**: Transmite autoridad, poder y drama. Es especialmente utilizado en reuniones o eventos que estes liderando, coordinando, o de ser invitado especial. Es un color donde se refleja como llevas la batuta del colectivo.

2. **Rojo**: Refleja las tres (P) del éxito: pasión, peligro y poder. Este color es un motivador cerebral y los impulsar a tomar decisiones con mayor rapidez y exactitud. Si estas cerrando un contrato, lleva el rojo.

3. **Blanco:** Da lucidez al alma. Es sinónimo de pureza, bondad y perfección. Es utilizado en reuniones o eventos de alto poder adquisitivo. También es usado en situaciones donde se necesite llegar a un acuerdo.

4. **Purpura:** Aunque es un color poco común y al principio rechazaba, aprendí la relevancia de este color en la neurociencia con mi exjefa y actual congresista de los Estados Unidos, Rosa DeLauro, cuyo color favorito es el purpura. Ella decía que este color refleja diplomacia, sofisticación, nobleza, ambición y misticismo. Comúnmente, se usa para dar solemnidad y nivel a las reuniones y actos protocolares.

5. **Azul:** En especial el azul marino comunica tranquilidad y confianza. En las reuniones de trabajo se interpreta como representación de estabilidad y sabiduría.

LOS IDIOTAS NO ESCUCHAN

"La idiotez tiene sus puntos a favor. Es la única
enfermedad en donde el enfermo no sufre,
Excepto todos a su alrededor"
Calle 13

Estamos en la revolución moderna del *sER*. Y no hablo del SER, como ser humano. Me refiero a esa palabra que nadie la otorga o la valida, la palabra que es usada como profesión sin ser avalada por un ente académico. Esa palabra que hasta el más idiota e incoherente usa. De hecho, es usada por la mayoría de aquellos que se niegan a invertir el tiempo en educarse académicamente y deciden irse por la tajante y auto catalogarse, un *INFLUENCER*.

La idiotez es una de las maneras más efectivas de convencer y persuadir a una persona. Algunos nacen idiotas, otros aprenden a hacerlo, otros se hacen los idiotas y estos son los que tratan de convencernos. En el año 2014, el artista puertorriqueño *Residente*, popular por su banda musical *Calle 13*, compuso unas de mis canciones favoritas y en sí, la única canción que habla de una enfermedad social que pasa por desapercibida muchas veces: la idiotez. El diseñador de moda venezolano, Marco Michetti, le llama la *"estupidemia"*. Para Calle 13, la idiotez es la única enfermedad en donde el enfermo no sufre, excepto todos a su alrededor. Lo que Calle 13 tal vez no sabía es que estaba a punto de destapar la caja de pandoras, definiendo la existente pandemia social—en este caso la idiotez—que les ha dado fama a muchos a través de un poder: Las redes sociales. Ese poder instantáneo de tener una plataforma a tu disposición donde puedes hablar lo que sabes y lo que no, te lo inventas.

Es aquí donde la cosa se vuelve interesante. Donde la Generación Z se distinguió en comparación a los milenios. Este desespero por comunicar sin crédito se convirtió en una forma muy efectiva de persuadir de manera negativa a millones de personas, lo que conocemos como desinformación. Como forma de contraataque y defensa ante esta ola de desinformación llena de hormonas e inmadurez, China decidió reaccionar de una manera que les abrirá campo a otros países en el futuro a tomar acción sobre cuánta libertad se le es permitida a los usuarios a divulgar en una plataforma tan libre, accesible y sin filtro como lo es cualquier perfil de una red social. Me refiero a la reciente ley firmada por el presidente Xi Jinping a finales del 2022 el cual prohíbe a los *influencers* chinos hablar de temas complejos a menos que demuestren profundos conocimientos sobre ellos. El gobierno chino acaba de establecer una política que le daría luz verde a la difusión de ciertas temáticas en redes sociales, como la medicina o el derecho, sólo para aquellos creadores de contenido que acrediten una cualificación profesional acorde a la materia, como un título universitario o certificación profesional. Esta nueva ley impulsa la coherencia y la censura en las redes sociales, le corta las alas a los persuasores negativos, y disminuye la desinformación en una era donde el poder de persuasión mal utilizada de los *influencers* es cada vez mayor.

La diferencia entre la desinformación y la mala información es la intención del mensaje, lo que sería un crimen de primer o segundo grado en la literatura. Cuando desinformamos, estamos siendo conscientes de que el mensaje que estamos comunicando es totalmente falso, pero lo hacemos con la intención de persuadir a otros a que apoyen una misión en específico. Por ejemplo, en el 2018 los medios de comunicación romanos enfrentaron una gran ola de desinformación. Se afirmaba que el 90% de los medios romanos eran de propiedad israelí. La noticia fue difundida por un medio de comunicación romano que seguramente sabía que lo que estaba publicando era falso. Por otro lado, la mal información es ofrecer una información engañosa, incorrecta o completamente falsa que se comunica sin la intención explícita de engañar. Incluso, la mayoría de las veces la intención es seria, determinante y garantizada ya que no hay conocimiento de que dicha información sea falsa. Un ejemplo clave es la ola de mal información sobre el coronavirus. Guy Berger, Director de Políticas y Estrategias sobre Comunicación e Información de la organización de las Naciones Unidas para la Educación, la Ciencia y la Cultura (UNESCO), explica que las noticias falsas por errores de data o falta de pruebas relacionadas con todos los aspectos del coronavirus se han convertido en algo común.

En esta era de la comunicación sin filtro, queremos reconocimiento de personas que no conocemos y ese impulso por ser reconocidos nos obliga a ofrecer algo a cambio, conocido como *quid-pro-quo* en latín. De allí nacen los jóvenes de esta generación los cuáles han decidido renunciar a los libros y agregarles una E y una R a sus pronombres como substituto de un título universitario: El *Influencer, -TikToker,–Youtuber, -Instagrammer,–Facebooker*, el *LinkedIner* y los que me faltan por nombrar y descubrir. Un estudio realizado por la revista Forbes llegó a la conclusión de que un tercio de la Generación Z prefieren ser famosos que ser médicos o abogados. 1 de cada 10 elige la fama sobre un título universitario, y 4 de cada 12 renunciaría a su familia a cambio de fama. Por minutos de fama, jóvenes renunciarían a los fans más incondicionales que conocerán en sus vidas: sus familiares. De nuevo, algunos estamos dispuestos a dejarlo todo por lo desconocido. Allí despertamos otro síntoma de la persuasión: la incertidumbre.

¡USEMOS EL INTERNET PARA PERSUADIR A OTROS!

La Universidad Nacional de Chimborazo en Ecuador realizó una investigación sobre el uso de las redes sociales en la Generación Z en el marco teórico y práctico y qué tan importante son para el crecimiento de una sociedad estable. Por otro lado, también dicho estudio tiene como objetivo estudiar los diversos usos y tiempo de empleo de las redes sociales por parte de los estudiantes universitarios, para analizar la influencia de este aspecto en el desarrollo del proceso enseñanza-aprendizaje y una posible relación de las redes sociales con el rendimiento académico.

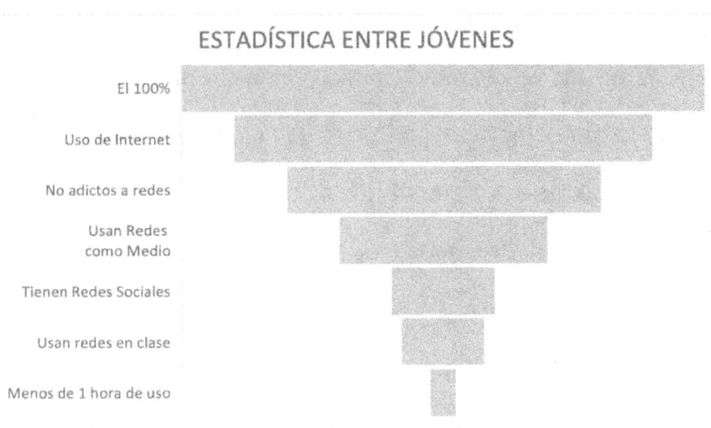

Según los jóvenes, el 99.4% considera primordial el uso del internet, el 85.1% posee cuentas en varias redes sociales y el 56.9% admite usar las redes sociales en clases. La encuesta también reveló como solo el 10% de la investigación usa las redes sociales por menos de una hora, el resto puede durar hasta cuatro horas o más al día en el móvil. Sin embargo, El 90.2% no se considera una persona adicta a las redes sociales. El 86.1% de los estudiantes entrevistados utilizan alguna red social para la publicación de actividades escolares y/o como medio de comunicación para informar a su rama de seguidores.

Todos no somos idiotas, todos no tenemos las desesperadas ganas de ser famosos o cambiar nuestro nombre de pila a los *ERs*. Los "outsiders"[31] de esta generación decidieron transformar el uso de la persuasión como su arma y salvavidas para construir lo que quieren ser. Los outsiders de la persuasión se han convertido en la nueva generación de *netsuaders* o personas genuinas que conectan a través de la historia de los demás. Por ejemplo, el rol del profesor en un salón de clases es persuadir a los alumnos de que estudien, si quieren alcanzar el objetivo de aprobar el examen final. Los *netsuaders* son la oposición de la norma. Ellos retan al profesor con preguntas filosóficas, adquieren inteligencia emocional más

---

[31] Persona que está al margen o fuera de las tendencias más comunes.

allá de récords académicos y son identificadores de problemas para luego no estar luego contrarreloj buscando soluciones.

LA INCERTIDUMBRE DEL MÁS ALLÁ

La incertidumbre te hace dudar sobre lo que hay más allá de lo que puedas imaginar, y si lo que te imaginas es positivo, estarás más propenso a ser persuadido por las circunstancias y lanzarte al agua. Sea por fama o no, la mayoría de las personas deciden arriesgar o renunciar a su estilo de vida por algo desconocido. Yo fui uno de ellos. Yo decidí abandonar mi país, renunciar a mi juventud, apagar las luces de mi cuarto y olvidarme de la definición de lo que es tener un hogar ya que eso es algo que no existe para los inmigrantes con tal de romper la burbuja del socialismo. La incertidumbre que había afuera de esa frontera me carcomía la mente, era como tener a tres hámsteres rondando por mi cabeza a toda hora ya que sentía que estaba perdiendo mi tiempo en un país donde salir a un restaurante es como conducir una operación ultrasecreta para que no te roben o maten, dónde no hay libertad, dónde la luz es un milagro, donde comer es un lujo, y dónde un gobierno indoctrinó a una sociedad a conseguir todo rápido, fácil y con trampas.

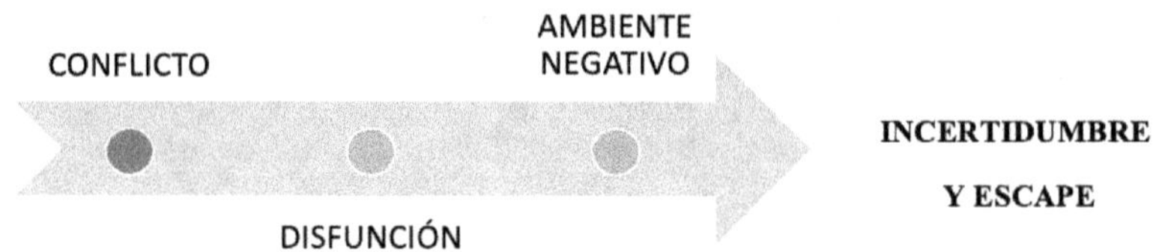

(El síndrome del explorador) + (Lo que haces con lo que sabes para lograr lo que quieres ser) = Incertidumbre del éxito

KIT DE EMERGENCIA

1. **Cuantifica tus dosis de idiotez:** Ser idiota, en algunos casos, es útil. Sobre todo si estás empezando un nuevo trabajo, estas sumergiéndote en el campo laboral de tu carrera y conoces poco de los lideres en tu rubro e incluso a la hora de cortejar a alguien. Haz preguntas por doquier, por muy sin sentido crees que sean.

2. **Vuélvete alguien visible:** La gente no sabe lo que quiere hasta que se lo muestras. Las necesidades solo despiertan en momentos de estrés o al ver la solución de dicha necesidad. Vuélvete visible, restregadle a la gente sus necesidades, para que te vean a ti, como la solución ideal.

3. **No sobrevendas:** Provéele a las personas las herramientas necesarias para que ellos busquen sus propias respuestas. Si no es por ahí, no insistas. No es ahí por ahora, sigue

construyendo credibilidad y efectividad en tu trabajo por otro lado. Vender de más crea inseguridades, no ventas.

4. **Eres una herramienta, no el mensaje:** Tu eres la vía de difusión de tu mensaje. Tu propósito debe hablar más alto que un estadio de beisbol al unísono en medio home-run. Recuerda que el éxito está en que tu mensaje y sabiduría perdure en la vida de otros. En otras palabras, que la gente adopte comportamientos, creencias, dialectos, modismos y actitudes basado en tu identidad, lo que has hecho y dicho.

5. **Molesta:** Esa es la principal característica de la idiotez. Molestar a los demás, causar sensaciones, y hasta rechazo positivo. Ese rechazo de un grupo de personas que, con dicho rechazo, generas polémica, y terminas ganando más influencia, fama y dinero. Ejemplo: Donald Trump tenía 1,000,000 de seguidores en Instagram antes de lanzarse a la presidencia en el 2016. Parece que le funcionó en molestar por cuatro años consecutivos. La polémica, los comentarios sin tacto y hasta discriminatorios, por bien o por mal, lo catapultaron a los 23,400,000 de segadores hoy en día. Y contando. Todo vende, todo comunica, todo emociona.

PERSUADE HASTA QUE TE COMPREN

"La publicidad es persuasión y
la persuasión no es una ciencia, es arte"
William Bernbac

Persuadir hasta que te compren no se trata del concepto: compra/venta tradicional que posiblemente estés pensando. No me estoy refiriendo a una pieza de ropa, un producto o un servicio. Cuando hablo sobre persuadir hasta que te compren hago referencia a tu marca personal, ósea a ti. La marca personal es la huella que dejamos en los demás. La gestión de esa huella, se le conoce como *branding*[32] o marca personal. Todo en la vida se trata de que tengas credibilidad en todos tus escenarios. En este capítulo el mejor atributo eres tú, la mejor inversión es tu mente y tu arma imprescindible será una estrategia de marketing creada de manera

---

[32] Referencia al proceso de hacer y construir una marca mediante la administración estratégica de medios.

genuina, por ti, sin necesidad de invertir en relacionistas públicos. Este capítulo será un tiro a la yugular para empresas de consultoría y agentes de marketing porque, a decir verdad, no necesitas invertir miles de dólares para crear, elevar y posicionar una marca personal. Siempre he dicho que los relacionistas públicos viven de las habilidades que otros carecen y que, por facilidad, los que carecen de habilidades comunicacionales deciden invertir el dinero en ellos. No porque son indispensables, sino que "son necesarios", en su momento. No saben más que tú, no son superdotados, son como tú. Ellos priorizaron la persuasión y el arte de hacer alianzas como su principal habilidad y capaz tu priorizaste tus estudios y condecoraciones, pero en esta generación, no hay título más imprescindible que el saber comunicar y conectar.

Construir mi marca personal me tomó ocho años. Hace seis años logré lanzarla al público y hace dos se posicionó en el mercado. Para que una marca personal sea efectiva necesita pasar por tres fases de curación: Reciclaje de filosofía y creencias, desarrollar identificadores, y fijar tu credibilidad a través de la regla de tres: el storytelling[33], storydoing[34], storybeing[35]. Cuando logres identificar esas tres y las aplicas tanto en tu marca como en tus interacciones interpersonales, nace el *storyselling*[36].

Unos lo pintan como algo inalcanzable, otros como un don divino, y algunos la confunden con un producto hasta deshumanizar la marca en sí. Muy pocos han comentado sobre la esencialidad del "branding", el cual no es nada más que lograr que tu talento, habilidad, marca o lo que haces pueda vivir consistentemente en las experiencias de miles de personas. Allí está el logro de una marca personal, que, sin tu presencia, tu talento o producto reluzca, sea utilizado, reproducido o leído por miles de personas simultáneamente. Por ejemplo, en la música. Un cantante no publica canciones todos los días, ya que su marca personal, su nombre, está vivo en el imaginario colectivo de miles y millones de personas a través de su arte. Esa huella que dejas en los demás es la definición de una marca personal efectiva.

---

[33] La narración de historias

[34] No buscamos solamente contar una historia, sino hacer que las personas se involucren y vivan una experiencia con la marca

[35] El ADN de la marca. Logra que, aunque las marcas cuenten su historia, acaba siendo el consumidor quien lo hace: Las marcas de pagar por publicidad a ganarse publicidad por el "boca-a-boca" del consumidor

[36] El arte de incrementar ventas a través de la regla de 3: storytelling, storydoing, y storybeing

¿PARA QUÉ SIRVE UNA MARCA PERSONAL?

Simple, para ser alguien imborrable en la vida de cualquier persona. Si esa es tu intención, pues ya acabo de crearte es necesidad insaciable de diseñar tu marca. Diseñar no es lo mismo a crear. En realidad, una marca personal no se crea, se diseña. Ya está creada. En el momento que identificas tu identidad, la personalidad ya está ahí. Sea entretener, informar, inspirar, cantar o hacer el ridículo, pues eso ya es parte de ti. Así que todos somos marcas personales andando porque al final, para bien o para mal, transmitimos algo. Si no transmitimos nada, pues allí empezamos a desconectarnos de la realidad, y de allí perdemos la sensibilidad, y nos vamos apagando hasta ser, irrelevantes. Y ser irrelevante es la antítesis absoluta del título de este libro; de ser imprescindibles. Las diferencias entre una marca personal y otra son: monetización, imagen, reconocimiento y solidificación.

Es decir, que estas desperdiciando la mejor oportunidad de tu vida porque la personalidad la tienes. Ahora, a seguir leyendo para poder identificar esa rareza que te distingue, la manera indicada para monetizar tu talento y sobre todo armar una estrategia según lo que quieras vender para que tu marca esté solidificada y sea reconocible en las experiencias de vida de miles de personas. La construcción de una marca personal es un proceso que se debe plantear a medio o largo plazo. A través de diferentes acciones y estrategias se crea día a día, paso a paso, pero siempre teniendo muy claros los objetivos que se persiguen. La marca personal debe estar cimentada en una estrategia sólida en la que se detalle qué se espera con esa estrategia, para luego poder analizar los resultados con cierta frecuencia para ver si se consiguen los objetivos propuestos y poder realizar cambios en caso negativo. Por ejemplo, el primer error que se suele cometer a la hora de crear una marca personal es pretender dar una imagen que no se corresponde con la realidad. Es muy importante ser fiel a uno mismo y transmitir aquellas experiencias y valores con los que se cuenta realmente. De nada vale engañar de algún modo al futuro cliente para que acabe descubriendo la verdad porque allí sucede el derrumbe sigiloso de una marca, acabar con su reputación a través del famoso marketing de boca-a-boca. Al un cliente notar que eres una caja de ilusiones, una recopilación de falsedades con caretas de *"yo todo lo puedo"* créeme que el cliente se encargará de bajarte del puesto de liderazgo que habías alcanzado. Porque la vida es así. Los lideres se llaman como tal porque dirigen o guían a una comunidad en específico, sin el apoyo de esa comunidad, se derrumban. Los líderes duran hasta que las personas—y la prensa—les quitan el poder. Este pecado capital en la construcción de una marca va de la mano del segundo fallo más cometido: improvisar. Es vital tener una estrategia planificada con puntos clave que se deben seguir. Aunque el espíritu de la marca y del profesional que haya detrás sea más proclive a la improvisación, no será una buena táctica en este caso. Aunque la intuición siempre es una gran aliada en determinados casos, no se puede dejar todo al libre albedrío.

De ahí la importancia de contar con una estrategia detallada, que no se quede en puntos vagos o definidos sin absoluta claridad. La estrategia para crear el personal branding no debe ser un boceto sino un guion claro, conciso y contundente. Solo así se podrán medir luego los resultados y el cumplimiento de los objetivos. De no hacerlo, se estará cometiendo el error de no cuantificar y valorar cómo funciona la estrategia.

¿HASTA QUÉ TE COMPREN?

La mayoría de las personas asocian compra con dinero. Cuando compramos o consumimos algo, el dinero es el mecanismo, pero no lo más importante. Depende los lentes que te pongas para mirar tu realidad. Hasta el año 2022, he tenido más de 200 apariciones en TV, radio, prensa y medios no tradicionales como portales web. He invertido menos de $500 por publicidad y marketing digital. En realidad, no se necesita miles dólares para construir una marca desde cero si decides cargar esa arma imprescindible que te acompaña desde que naces: tu historia.

El ser humano por naturaleza ve el dinero como una especie de objeto deseado, y a su vez, es considerado el oxígeno del hombre. Para una muestra de ello, la Organización Mundial de la Salud reveló como cada año 800,000 personas se quitan la vida donde el 79% de ellas residían en países de bajos recursos. En mi caso, el dinero siempre ha sido una necesidad, pero no lo necesario para respirar. Tampoco es mi cima ni mi recompensa, es simplemente un mecanismo de comodidad, pero no una vía hacia la felicidad o lo fundamental para plasmar una estrategia de marca personal. Tampoco es la base de una marca, la base eres tú, lo que inyectas en la vida de otros. Una marca mueve pasiones, genera héroes y, sobre todo, villanos al ojo público. Pensar que el dinero lo hace todo te termina construyendo en un esclavo más del dinero, otro más en la selva de cemento. El dinero no debe ser el núcleo de nuestro universo, en la vida tienes algo imprescindible que se puede convertir en la fábrica y el comienzo de tu fortuna: tu marca personal.

"Persuade hasta que te compren" es la versión de una frase que estará sellada en mi memoria por siempre. Hace un tiempo, tuve la oportunidad de conocer y entrevistar al animador más importante de habla hispana, Don Francisco. Ese momento ha sido uno de los más importantes e icónicos de mi trayectoria. Tenía un minuto para hacer una pregunta que retara el conocimiento del animador con

más de 50 años de trayectoria en el mundo de las comunicaciones. La pregunta iba directa a la yugular: *"Don Francisco, ¿para usted cual es la definición de un buen comunicador?"*. Su respuesta me hizo sonreír de polo a polo. Estaba aludiendo a la persuasión y lo esencial que es para él conectar con las emociones de las personas. Es una especie de droga social y espiritual. *"Un buen comunicador es la persona que tiene la capacidad de llegar a la mayor cantidad de público. No es cuestión solo de llegarle la gente, sino llevarle algo que les resulte útil. La mayoría de las veces a las personas les resulta útil todo. Información, entretenimiento. A veces la gente, esta triste y necesita un poco de alegría. Entonces yo pienso que un buen comunicador debería pasarse por todas esas áreas. Ser el mensajero para que otros exploten sus emociones"* me respondió Don Francisco. De allí nace mi frase *"persuade hasta que te compren"*. Sí, hasta que compren tu identidad y se vuelvan fieles a ti. Persuade hasta convertirte en una fuente. Persuade hasta generar confianza rotunda. Persuade hasta que te compren quién eres, sin caretas. Persuade hasta que aquellos que diariamente consumen cada palabra o servicio que ofreces, terminen catapultándote en una marca, en una referencia. Primero enfócate por crear una base de datos. La base de datos es igual a una comunidad. Una comunidad es sinónimo de fans. Los fans es sinónimo de lideres sociales que compran y consumen todo lo que comunicas por redes sociales. Y por lo tanto, personas que te exigirán al máximo, para proyectos y también te pedirá respuestas cuando algo no hace sentido. Son los primeros en apoyarte y catapultar lo marca, y también serán los primeros en bajarte del trampolín, caerte a tomatazos en la cara si fallas, y borrarte del mapa.

En una marca personal, el dinero es **IM**portante pero no **IM**prescindible. Si portas el dinero, inviértelo. Si no, juégate la carta de los pobres: usa la moral y tus valores para construir credibilidad de boca-a-boca. Así que encuentra tu identidad, luego establece tu objetivo y propósito, identifica una necesidad y que tu mensaje sea la solución, con la efectividad de lo que dices genera credibilidad y repite este ciclo con tu marca mes tras mes, repotenciándola. Al tener ya la marca personal establecida, las fuentes de ingresos—el dinero—empezará a fluir en automático. La marca es la maquinaria, el dinero el resultado de la inversión que le has puesto a tu marca e imagen. ¿Cómo llega el dinero? Clientes, ventas, consultorías, contratos, acuerdos, patrocinios, y publicidades.

¿CÓMO DEFINIR TU MARCA PERSONAL?

Antes de definir, estudiemos de donde proviene el famoso nombre de "marca personal" o "branding personal". Aunque la persuasión existe un siglo después de la creación de la humanidad y el descubrimiento de la luz, se necesitó más de una docena de siglos para descubrir el poder y valor de una marca personal. En los 80s y 90s, el termino en marketing "marca personal" era el Jane Doe [37] de la era. La sociedad estaba lejos de estar rodeada de *"influencers"* y aquellos que eran figuras públicas eran totalmente inaccesibles a las personas de calle. Por su crianza, las personas de calle, de manera subconsciente, alababan a los famosos como superhéroes. Algunos les llamaban personas suertudas, otros afortunadas y ricos de cuna. En esa época, lograr la fama de un día para otro—lo que se le conoce en la actualidad el ser viral— era casi imposible ya que ninguna persona de calle lo veía cerca de ser una posibilidad. La mente y su crianza los segregaban socialmente desde su nacimiento. A final de la era de los 90s, la tecnología empezaba a asomarse en el imaginario colectivo de millones de personas que jamás imaginaron ser relevantes en su barrio. Para el joven de barrio Frank Sinatra, Tom Hanks, Sofia Vergara y Shakira eran personas inalcanzables cuya trayectoria para llegar al estrellato publico era totalmente desconocido. La tecnología desmanteló esas dos palabras: personas inalcanzables y zonas desconocidas. El mundo empezó a conocer que existía algo más allá de vecinos, casas, granjas y negocios a finales de 1996. Hace 25 años atrás, Nokia estaba creando la necesidad de la era—las desesperadas ganas de conectar con el mundo, sin cables, fronteras, o limitaciones—y a su vez la solución—con la creación

---

[37] El nombre que se le asigna a una persona sin identidad.

del primer teléfono inteligente del mundo—. A partir de allí el mundo empezó a desarrollar otro tipo de cultura, y sobre todo, la crianza de distanciarnos de las personas de renombre quedó en el pasado ya que el celular inteligente nos permitía conectarnos con personas que jamás imaginábamos conocer. A inicios del 2000 se originaba la mayor democratización y evolución de la comunicación en décadas. La tecnología abría la mente de millones de personas, cerraba fronteras de comunicación y la expandía a una población que carecía de información así como Thomas Edison le proporcionó a la humanidad luz en la oscuridad.

Un año después del Nokia estar a la venta, un escritor iba a ser el descubridor de la *"América"* de las comunicaciones, ese es Tom Peters, el creador del personal branding. Este especialista en gestión empresarial y autor de "En busca de la excelencia", pasaba sus días haciendo dos cosas: sirviendo al país como militante en el Pentágono y asesorando a empresas como consultor de gestión empresarial. Al dejar la milicia luego de ser condecorado por sus actos en Vietnam en la Armada Saebee en 1970, decidió trabajar en la Casa Blanca como asesor personal durante la presidencia de Richard Nixon. En sus indefinidas experiencias como servidor público y empleado gubernamental, supo reconocer la importancia de la estrategia personal y de persuasión que se le fue dada en la milicia, utilizándola para convertirse en consultor de negocios.

Después de la administración de Nixón, Peters trabajó como consultor de gestión en McKinsey & Company[38], convirtiéndose en un líder de la práctica social y la eficacia en 1979. En 1981, dejó McKinsey para convertirse en un consultor independiente. A Tom le tomó más de 15 años para desarrollar, y a su vez, patentar el término de la "marca personal". Fue en 1997 el año que escribió un artículo en la revista *Fast Company* titulado *"The Brand Called You".,* donde reveló que cada uno de nosotros es una "Me. INC", equivalente a una sociedad llamada "YO, S.A.", y que por tanto podemos autogestionar nuestra marca como si de una empresa se tratara. Uno de los autores de referencia que amplió el concepto creado por Tom Peters es Andrés Pérez Ortega, autor de cuatro libros sobre marca personal *("Marca Personal", "Expertología", "Te van a oír", "Marca Personal para dummies[39]")*. Pérez Ortega sostiene que el fin último de un proceso de branding personal es que una persona se convierta en la opción preferente en un proceso de selección. El personal branding no surgió como un proceso para la búsqueda de trabajo, sino para la diferenciación y la independencia de los profesionales. Con el tiempo, y especialmente con la aparición de los blogs (2000) y redes sociales

---

[38] Consultora estratégica global que se focaliza en resolver problemas concernientes a la administración estratégica. McKinsey trabaja prestando sus servicios a las mayores empresas de negocios del mundo, gobiernos e instituciones.

[39]

(2004), el concepto de marca personal y de su gestión (personal branding) se populariza ya que se abre a cualquier persona la capacidad de publicar.

Por si aún no te han contado lo más importante de una marca personal, la clave de una buena marca personal no se trata de la promoción de una persona, sino esencialmente de tres etapas clave: Autoconocimiento, estrategia personal y visibilidad. La clave es revivir experiencias, estudiar tu infancia. Allí erradica todo en la vida. Desde tus traumas hasta tus éxitos. La marca personal es nuestro escudo más poderoso. Para que los de afuera, no te vean al desnudo, así sin filtros. La marca personal es para lo que las mujeres es el maquillaje y los hombres un traje. En sí, todo lo que utilices física o emocionalmente después de levantarte de la cama, es parte de la construcción de una marca personal porque lo usas como escudo de protección en tu día a día para interactuar con otras personas. A mí me lo que me parece extraño es que una niña de 14 años no se maquille, o no se intente teñir el pelo o decidir entre pantalón o falda. Al igual que me parece raro que un niño no intente usar franelas cortas, practicar un deporte, decidir si jugar o leer. Todos estos comportamientos son necesarios para establecer una identidad, lo que luego le terminaremos llamando, la marca personal. En mí caso, salir sin gafas es como ser el hombre sin cabeza. Es como salir sin ser Luis, puedo transformarme en Pedro.

Y hasta de mal humor me pongo, porque no me siento igual sin las gafas. A veces le doy gracias a Dios por darme la ceguera porque no hay algo que me des más cachondeo que elegir gafas o admirar las de otros. A decir verdad, unas buenas gafas son sinónimo de delicadeza, pulcritud, atención a pequeños detalles, autoestima, creatividad y espontaneidad. Las marcas personales más exitosas nacen de manera espontánea, a través de nuestra esencia. Esa esencia que nos caracteriza se convierte en el ADN de nuestra marca, algo que otras personas pueden replicar, pero jamás será de la misma forma. Es así como los besos. Por muy experimentado que quieras aparentar, no hay beso más caliente y sentido que un beso robado, con ganas, claro. La improvisación es sinónimo de extremismo; la petas o eres protagonista de la vergüenza del siglo. Así pasa con todo cuando improvisas, una marca personal no es la excepción.

No es posible promocionar algo que no existe, por tanto, se considera que los cimientos de la marca personal están en el mayor conocimiento de uno mismo. La estrategia persigue la definición de objetivos, propósito, propuesta de valor, modelo de negocio y mensajes. Y finalmente, la visibilidad es el proceso de comunicación de la propuesta de valor para que llegue con claridad a los grupos de interés.

A los 12 años decidí cuestionar a mis padres ya que no podía más. Por eso te dije que mi única salvación fue la persuasión, lo que llamamos coloquialmente como "la labia". Mi salvación fue tratar de comunicar con las palabras correctas y sobre todo con las estrategias necesarias para crear un impacto directo y para eso necesitamos conocer y entender los siguientes aspectos que les comparto a continuación.

EL TIEMPO IDEAL

El escritor y filántropo inglés, Charles Buxton, dijo que en realidad nunca habrá tiempo para nada, la idea es crear el tiempo para lo que tenemos que hacer. El tiempo lo hacemos, está en nuestras manos. El silencio es tu mejor amigo, debes romperlo. Si quieres tener una conversación difícil con alguien, trata de llevarlos a un lugar que los haga feliz a ambos, un lugar dónde no abunde el ruido, un lugar donde el ambiente sea agradable ya que de por sí lo que hablarán, tal vez no lo sea. También, la mejor forma de saber cuál es el tiempo correcto, es a través de la escucha. Así sentimos la reacción del otro, a través de lo que escuchamos. Al final, sabemos cuál es el tiempo correcto de decir las cosas cuando sentimos eso que llamo el "nausea del pensamiento", esas ganas de expulsar todo eso que llevas cargado en la mente, que pasa por la bilis, y luego atraviesa el corazón. Esa sensación cuando dejas de escuchar todo lo que sucede a tu alrededor y todo se minimiza, porque no paras de pensar en lo que tienes que decir. Antes de vomitar todo eso que piensas y sacártelo del alma, debes tener cuidado en decir las cosas.

LA PREGUNTA INDICADA

Para persuadir, tenemos que estudiar nuestro espacio, las personas que están a tu alrededor, y empezar a cuestionarte cual será la pregunta indicada. Todo lo que digas debe tener una petición, una pregunta indicada. Para llegar allí tenemos que ser simples y claros con lo que queremos, no podemos dejar que las distracciones nos desvíen de lo que queremos conseguir en esta conversación. Una simple pregunta abre un campo infinito de respuestas, la clásica es: ¿Cómo te puedo ayudar? Es usada como ancla de conversación, saludo, para atender un cliente, para ofrecer apoyo a un amigo, se usa con sarcasmo también y con ironía. Esa pregunta existe en miles de formas, ¿por qué será? Es simple, cae como anillo al dedo en cualquier momento y es una pregunta indicada que le abre puertas a millones de respuestas distintas. Para llegar a esa pregunta indicada debes incluirte, una oración simple y no compuesta, y sobre todo debes formular la pregunta pensando que tu vida depende de ella y de la respuesta que te van a dar.

SIMPLEZA

Unas de las técnicas más eficientes para vender un producto o nuestra marca personal es la simpleza. En esta época la información asimétrica está inclinada al comprador, ellos tienen la ventaja. Antes de comprar tu producto o tus servicios, el comprador tiene diez veces más la información que tú mismo posees del producto. Mientras más profundo y menos accesible sea tu vocabulario, el comprador empecerá a huir de ti. Aunque hablar con palabras profundas es todo un placer—te lo dice un escritor que está teniendo pesadillas para no hablar de figuras literarias durante todo el libro—tenemos que convertirnos en expertos de nuestra propia audiencia. La mejor manera de hacer esto es pensar como tu comprador. ¿Si le fueses a comprar un producto a tu otro yo, como quisieses que te lo vendieran? ¿Qué palabras quieres escuchar? ¿Cuáles son aquellas palabras que te despiertan la necesidad de comprarlo? Sé simple al hablar, esa es la especialidad de un buen comunicador. Llevar algo denso y difícil de entender a palabras simples que hasta el que barre las calles todas las mañanas pueda entenderlo sin problema.

CONTACTO PERSONAL

Al persuadir, debemos conectar con los sentimientos. Ahí está la clave, tocar el alma. ¿Qué mejor manera de tocar el alma que permitir que otros vean nuestra vulnerabilidad ante la vida? Eso vende. Aunque, ten cuidado. Hay una línea fina entre victimizarte y ser vulnerable. Sé que las dos empiezan con V, pero la diferencia es impresionante. El 75% de los empleados en el Congreso de los Estados Unidos confirman que una historia personal que llegue a sus oficinas impacta más que cajas de miles de firmas recolectadas alrededor de la ciudad. Una persona con una historia bien contada, siguiendo estos tres pasos, causa más efectividad para un cambio político en el Congreso de los Estados Unidos que una recolecta estatal de firmas. En sí, el *storytelling* es clave para persuadir a otros. Todas nuestras historias son maravillosas, todas tienen algo especial, todas tienen esa rareza. Depende de nosotros saber cómo contarla de manera personal, sentida, e impactante.

KIT DE EMERGENCIA

Haz una introspección e identifica lo siguiente dentro de ti:

Propósito: A esto me refiero a el legado que quieres dejar en el mundo. A la misma vez, cuál es ese mensaje que le quieres vender al que te escucha. ¿Se identifica contigo ese mensaje?

Radar: Una marca personal se caracteriza por la calidad de personas que apoyan y solidifican dicha marca. Encuentra quienes son las personalidades que te inspiran. No para ser como ellos, pero para superarlos. No en premios, sino en prestigio. A tu forma, sin formula alguna. Al hacer esto, pregúntate: ¿A quién no me quiero parecer? ¿Quién es mi competencia?

Público: ¿Quiénes son? ¿Son vacíos de mente o sabios? ¿Qué les gusta y de que carecen?

Valor: Esta palabra es fundamental. Apunta todo aquello que te hace único, irrepetible, reproducible, copiable, envidiable, y porque no les quede otra opción te acaben empleando… así, a lo imprescindible.

Personalidad: Esto incluye la vestimenta y tu manera de ser. Hay un capítulo entero sobre esto, corre a leerlo.

Naming: Otra pieza importante del rompecabezas. ¿Cuál será el nombre que te represente y el mensaje que transmita quién eres? En mi caso, ¿Cómo me ves? De allí saca tus conclusiones para tu propia marca.

Tono: Quiero que cuando alguien diga tu nombre, la persona pueda imaginar la manera en que hablas. ¿Eres tajante, directo, extremista, informativo, didáctico, entretenido?

Prestigio: Reconocer tu valor. Decirles NO a los descuentos. Reconocer la diferencia entre oferta y descuento. Descuento es desvalorizar tu trabajo. Te lo dejo aquí, nómbrame algo que sea fundamental en nuestra vida y que sea gratis. Te tomará más de un minuto encontrarlo.

Ni el agua… porque es la bebida con la mayor cantidad de versiones, empaques, y países de reproducción en el mundo. Aunque nos parezca gratis, el agua es uno de los mercados más millonarios del mundo. El agua del grifo, la pagas con tus impuestos; la de botella, con tu bolsillo.

No hay escapatoria. Cada vez es menos posible encontrar algo bueno y gratis.

LA INSTITUCIÓN MÁS PERSUASIVA: LA IGLESIA

"La medicina hace enfermos; la matemática,
tristes; la teología, gente pecadora"
Martín Lutero

Jesús no tenía poder: si lo hubiera tenido, hubiera mandado una legión de ángeles que le defendieran frente a aquellos que buscaban matarle. Jesús tenía autoridad. No es lo mismo poder que autoridad. Pocas veces coinciden. Cuando se trata de poder, unos pocos están arriba y muchos están abajo. El poder impone, crea súbditos y subordinados y, en ocasiones, se impone contra la voluntad de los subordinados. El poder consigue lo que quiere a base de fuerza.

La autoridad, para conseguir lo que pretende, utiliza el camino del ejemplo y la persuasión. Persuadir es ofrecer buenas razones para que alguien actúe o piense de una determinada manera. Persuadir no es manipular. La autoridad siempre te deja libre, se implica en aquello que pide, muestra con el ejemplo de su vida la bondad de lo que pide. Jesús tenía mucha autoridad. Si hablaba de amor a los enemigos, él mismo en la cruz perdonaba a quienes le asesinaban. Si decía que servir y hacerse pequeño es el camino para ser el más importante, él mismo se hacía pequeño lavando los pies a sus discípulos. Si predicaba que los pobres podían ser felices, él se hizo pobre, hasta el punto de que no tenía dónde reclinar la cabeza.

La autoridad de Jesús no es comparable a la era del sER, la era donde ser *influencer* es ser el dios social del momento. Hoy, en las redes sociales, hay personas que buscan fidelizar a millones de seguidores, pretendiendo tener una vida perfecta, dejando atrás un diálogo sincero y constructivo. Por eso, importa el lugar que ocupan en el ranking de cara a negociar con agencias de publicidad. Sin duda son personas respetables. Pero es claro que la influencia de Jesús se sitúa a otro nivel. Para empezar, la predicación de Jesús es de una gratuidad total. En sus obras y palabras no hay ningún asomo de publicidad. Los *influencers* tienen un recorrido frágil y cambiante. Por eso renuevan constantemente sus páginas. La influencia de Jesús es de largo recorrido, nunca pierde actualidad. Y, sobre todo, lo que Jesús anuncia, a saber, un Dios de amor y misericordia que solo busca el bien de las personas, la salud de los enfermos, la alegría para los tristes, la justicia para los desheredados no tiene nada que ver con lo que promueven los *influencers* de la época.

Los temas más controversiales y considerados delicados para conversar por sus naturalezas polémicas son la política y la religión. Aunque son los temas que muchas personas manejan con pinzas, una gran verdad es que son las áreas dónde más podemos ver la persuasión de manera activa. La persuasión dentro del tema de la religión se puede ver de manera intencional y/o como resultado directo de las metas deseadas. En las instituciones eclesiásticas, iglesias o comunidades de fe, lo deseen aceptar o no, todas utilizan la persuasión de manera directa o indirecta con sus feligreses y miembros. Ninguna lo va a admitir o a reconocer de esta manera, pero es una realidad. En este capítulo vamos a mirar un poco más profundo este tema. Cabe señalar que las siguientes expresiones están basadas únicamente en mis opiniones y en la información obtenida a través de mis investigaciones.

La iglesia como institución a través de la historia se conocía como la entidad que cuidaba de la moralidad y conducta de las personas. Era como un barómetro que establecía los límites por lo cual los seres humanos debían conducirse. Se hacían responsables por velar a los necesitados, las viudas, los huérfanos y las necesidades sociales. Pero con el pasar de los tiempos se ha visto el rol de la iglesia entrar en temas mucho más profundos que el cuido moral de la sociedad, sino que ahora juega un papel protagónico dentro del estilo de vida de las personas, sus credos, la política y las leyes, así como también dictamina el rol principal de los miembros dentro de la familia. Nunca fue una voz silente, pero hoy se ha diversificado y multiplicado por todo el mundo. En internet y las redes sociales han hecho posible ver lo mejor y lo peor de la persuasión que se practica dentro del concepto de religión. Cuando haces una búsqueda en el internet te vas a topar con que, según las diversas fuentes, hay sobre 10,000 diferentes tipos de religiones en el mundo. Parecerá algo inconcebible pues el 84 por ciento de estás están afiliadas al cristianismo, el islam, hinduismo, y el budismo como las principales, pero existen muchas otras. Cuando miras la definición de la palabra religión en el diccionario *Oxford* por ejemplo, te dice que es *el conjunto de creencias religiosas, de normas de comportamiento y de ceremonias de oración o sacrificio que son propias de un determinado grupo humano y con las que el creyente reconoce una relación con la divinidad (un dios o varios dioses).* El problema de esto es a "quién" están reconociendo los seguidores como su Dios.

Todas dicen cargar la verdad. Para todas, su misión principal es añadir cada día personas que se sumen a sus creencias, y que vivan la vida como estos líderes dicen que se debe vivir. Una especie de culto. Para poder convencerte de esto, todas deben persuadir a quien escucha su mensaje. Para esto, en su mayoría usan dos tipos de herramientas principales. Al utilizarlas, el resultado es la persuasión, el convencimiento, que logra dirigir e influenciar a aquellas personas que forman parte de sus comunidades y llegan a creer que están en lo cierto porque usan: escrituras sagradas y doctrinas terrenales diseñadas por estos mismos líderes.

Comencemos por las sagradas escrituras. Para muchos, la *Biblia* (en todas las versiones desde la biblia católica, la cristiana, y hasta la satánica) o el *Corán*–junto con otros libros sagrados, alegan que su contenido es el verdadero, real y es la guía absoluta para vivir un estilo de vida *"correcto"*. El detalle principal aquí es, ¿qué realmente es lo correcto y según quién? Muchas personas afiliadas hoy a un grupo religioso han creído sin espacio para dudas, todo lo que se les ha enseñado y predicado. Dan por hecho todo lo que aprenden desde un altar o en una congregación, y lo toman como fiel y verdadero. Es sumamente impresionante cómo muchos sin haber tenido una experiencia sobrenatural, o haber tomado estudios formales, simplemente creen lo que por generaciones otros les han enseñado. Esto es una disciplina clave de un ignorante. Vivir tu vida por repetición. Vivir tu vida basado en las experiencias de otros es como tener un alma prestada; al final nada de lo que sale de tu boca puede ser relevante, porque no tienes criterio propio. Viven la vida tomando decisiones que una iglesia le indica que es correcto o incorrecto. Más impresionantes que eso es el hecho que en muchas religiones cualquier persona puede abrir un local, ponerle el nombre de iglesia, proclamarse "líder, pastor, o ministro" sin una formación formal. Logran que un grupo grande de personas los escuchen, les crean y comiencen a seguirlos. Claro, hay concilios y religiones que tienen todo un protocolo y una formación rígida, pero no es un requisito legal para muchas otras. Estos líderes usan los libros sagrados para impartir lo allí escrito según sus puntos de vista individuales y persuaden un estilo de vida que ellos entienden que son los adecuados y correctos para su población. Es impresionante ver cómo lo que se lee en un libro es tomado por hecho y cómo se siguen las normas y los estilos de vida que otro ser humano— igual de imperfecto que tú—, les indica que es la manera en que deben conducirse. Los sacerdotes, pastores y ministros hacen una interpretación ***personal*** de las escrituras y pronuncian discursos con el propósito de convencer a quienes escuchan. Puedes tomar un verso de la Biblia y buscar a diez líderes eclesiásticos de diferentes denominaciones y cada uno traerá un mensaje diferente y este le van a añadir convicciones personales de acuerdo con lo que han vivido desde su niñez y tratarán de convencer a quienes escuchan que su mensaje es el correcto. No digo que todo el que lo hace tiene una agenda escondida, pero lo cierto es que hay muchos que abusan de esto. La iglesia católica por ejemplo se rige de la misma manera a través de todo el mundo porque tienen una sola cabeza principal—el Papa—que dictamina todo desde el Vaticano. No hay espacio para interpretaciones personales. La iglesia católica es la misma dondequiera que esté. Los sacerdotes, monjas, y líderes afiliados, todos siguen y hacen lo que esta figura principal indica. ¡Punto! No tienen doctrinas cambiantes, no interpretan las escrituras de otra manera y todos los líderes—sacerdotes—se rigen por el líder principal—el Papa—y este se rige a la vez por toda la política y sistema tras bastidores que existe en el Vaticano del cual no voy a entrar porque es muy extenso. Aunque si abriré la puerta de la política aquí, porque es impresionante como el partido republicano en Estados Unidos asocia hasta la manera de interpretar la constitución bajo este esquema: esto se le conoce como originalísimo. En el contexto de la interpretación constitucional en los Estados Unidos, el originalísimo es una familia de teorías doctrinarias que comparten un punto de partida, este punto es que la Constitución—o el estatuto—tiene un sentido fijo y conocido, el cual se establece al momento de la ratificación y entrada en vigor del texto en cuestión. En la actualidad esta teoría se está volviendo popular entre los políticos conservadores de EE. UU., siendo los más conocidos Antonin Scalia, Clarence Thomas y Robert Bork, pero también ha sido adoptada por políticos liberales como el juez Hugo Black y Akhil Amar. Según esta teoría la interpretación de una constitución escrita debe basarse en el significado ordinario que el texto tenía en el momento en que fue adoptado.

Cerrando la puerta de la política y como la religión hace de las suyas, una de las religiones más divididas entre sí es la protestante ya que existen cientos de concilios e iglesia independientes, cada uno con sus propias interpretaciones de la Biblia y de cuál es el estilo correcta de vida. Para unas algunas cosas son pecado, para otras no. A pesar de usar la "misma enseñanza". Todas tienen su interpretación de lo que te puede salvar o condenar.

Lo otro que usan dentro de las comunidades eclesiásticas son las doctrinas humanas creadas por los líderes de cada iglesia o institución. Quienes forman parte de su comunidad de fe, deben conducirse dentro de estas reglas adicionales. Las mismas son utilizadas tanto para *recompensar* como para *castigar* cuando alguien practica algo fuera de sus doctrinas. Estas doctrinas y creencias dictaminan cómo la mayoría de sus seguidores visten, qué ropa utilizan y cual no, cómo conducirse, con quién casarse, con quienes comparten, los lugares que visitan, la música que escuchan, hasta qué comidas consumir o no.

Miremos el segmento de los protestantes. Como les mencioné arriba, lo interesante de esto es que, aunque su base es la misma—La

Biblia—sus doctrinas—estilos de vida que dictamina qué es pecado y qué no—son diferentes de acuerdo con el concilio, hermandad o el líder si es una iglesia independiente, que las lideran. No existe dentro del segmento protestante _una sola visión_ de lo que es "bueno o malo" contrario a las demás religiones del mundo que no importa si están en un país u otro, creen exactamente igual. No hay tanta diversidad de opiniones en las demás religiones como lo existe en las religiones protestantes. Al suceder esto y añadir como método de persuasión las doctrinas, la vida de las personas dependen del conjunto de reglas por las cuales se rigen dentro de su comunidad de fe.

En muchos ámbitos tantos profesionales, en los núcleos familiares y en la iglesia, hay personas de influencia que usan sus dones y talentos para servir y para hacer el bien; pero también es muy cierto que hay quienes lo puedan utilizar para hacer daño y para obtener beneficios personales. Hay hombres y mujeres que han utilizado la base de la religión para avanzar sus agendas personales y para lograr que otros hagan todo lo que ellos les indican. Ahora bien, no quiero que me malinterpretes, no estoy hablando mal de ninguna religión y tampoco estoy diciendo que todas manipulan. Lo que sí quiero que entiendas y analices es que por amor y por la religión el ser humano es capaz de hacer todo tipo de cosas, para persuadir. La religión por años ha utilizado el método de la persuasión de manera directa o indirecta.

En el Cristianismo, por ejemplo, en sus creencias muchos se abstienen de tener relaciones sexuales antes del matrimonio porque lo consideran pecado. La *fornicación* es un pecado capaz de hacerte perder la salvación y la entrada al cielo por la eternidad según muchos pastores. A ciencia cierta, ya me hace pecador y sé que para más de la mitad de la población. Sin embargo, esta creencia de perdición ha causado que muchas personas esperen hasta el momento de contraer el matrimonio para sostener relaciones sexuales. Luego estas mismas personas han tenido un sin número de problemas porque no son compatibles en la relación y la sexualidad ha sido la raíz de muchos problemas de parejas. Muchos han entrado en relaciones formales matrimoniales para *"evitar quemarse y caer en este pecado de fornicación"* y este impulso ha resultado en cientos de divorcios y de infidelidades de personas que dieron el paso antes de tiempo y no conocieron bien a la pareja que luego resultó en un yugo desigual.

Para los musulmanes sacrificar su vida matando a sus enemigos en el nombre de Alá su Dios, es una forma de entrar directo al cielo. Todo en nombre de la religión, y todo por el aprendizaje impartido por un ser humano que dice cargar la verdad y recibir instrucciones de parte del Dios de los cielos. De la misma manera, recientemente publicaron un documental en Netflix® llamado:

Keep Sweet: Pray and Obey[40], y reseña como un ministro y llamado profeta Rulon Jeff, de la Iglesia fundamentalista de Jesucristo de los Santos de los Últimos Días, convenció a miles de feligreses que sus enseñanzas eran, y siguen siendo reales ya que aún hay practicantes y seguidores de este individuo. Llevó a sus seguidores a adoptar un estilo de vida de poligamia donde la mayoría de los varones están casados con múltiples esposas; hasta veinticuatro esposas en algunos casos y procreando cientos de hijos. Sus mensajes eran tan convincentes que las madres entregaban sus hijas de diez y doce años de edad en matrimonio a hombres sumamente mayores de edad, para que estas niñas se convirtieran es esposas. Muchas de ellas se convertían en madres de manera inmediata. Todas estas personas vivían únicamente bajo las estrictas reglas y medidas que Jeff les ordenaba. Los chicos y caballeros más jóvenes en edad, prominentes, eran expulsados de la comunidad de fe para que no fueran competencia o amenaza a los adultos que deseaban las niñas y jovencitas como esposas. El documental muestra en detalles el aislamiento que han vivido sus seguidores hoy en día, la privación de las mujeres para llevar roles más allá de ser esposas y madres y las estrictas instrucciones en las cuales no se puede cuestionar nada y solamente tienen que obedecer. Muestra cómo Jeff fue movilizando a todos sus seguidores a vivir en una zona donde tenían todo como escuelas,

---

[40] "Sé dócil: Reza y obedece" en español.

farmacias, supermercados, entre muchas cosas, así como la zona residencial, privando a todos del mundo exterior. Para poder entrar y salir era bajo estrictas medidas de seguridad. Había cámaras instaladas en todos los hogares para asegurar que cada una de las familias vivían según las doctrinas de Jeff. Incluso, se muestra como detrás del altar había una habitación secreta y sagrada para consumar de manera sexual la virginidad de muchas niñas. Este documental incluye las entrevistas de mujeres y hombres que fueron marcados psicológicamente por estas creencias.

Para muchos esto ha sido un escándalo, pero para otros no. ¿Por qué? La verdad es una: la gente siempre está buscando creer en algo y tener una fuente que explique lo sobrenatural o lo que no tiene una respuesta natural. La religión es un sistema de política disfrazado. Tienen en muchas de sus instituciones el mismo sistema: Un líder supremo, una junta que pasa juicio, leyes y estatutos y consecuencias para aquellos que se levantan en contra del sistema— creencia establecida—. En tiempos modernos es que existe la separación de estado e iglesia, cosa que, aunque está "escrito" el rol de la iglesia sigue muy presente en la política. Tan presente, que es uno de los pilares del partido conservador en Estados Unidos. La realidad es que, en los inicios de la humanidad, la iglesia tenía incluso más poder que el mismo gobierno. Y aún sigue siendo así. Vemos esta lucha cada cuatro años cuando llegan los tiempos de las elecciones. Los candidatos buscan dos cosas: o ganarse el grupo de conservadores que representan los valores de la religión que más domina, o los corazones de aquellos que piensan diferentes a la iglesia. Sea uno u el otro, la iglesia está en el centro de todo.

Es en nombre de la religión que se levantan protestas contra leyes que no están alineadas a las creencias religiosas; en contra de candidatos que no simpatizan con la iglesia y muchos sacrificios humanos que no se discuten. En tiempos recientes ha habido muchas protestas de mujeres musulmanas que han levantado su voz protestando en contra de la creencia religiosa que resultó en la muerte de una mujer por no llevar bien puesto el velo, una creencia religiosa. Kurda Mahsa Amini, de 22 años, fue detenida en Teherán por supuestamente llevar mal el velo, que es de uso obligatorio en Irán. Se alega que la golpiza aplicada por no cumplir la doctrina la llevó a una muerte cerebral. Muchas mujeres musulmanas han compartido su experiencia con la llamada Policía de la Moral, por ser la responsable de la captura de Mahsa y de miles de mujeres en las calles de Irán a las que muchas veces atacan con violencia. Su único pecado: llevar mal el velo. Muchas han levantados protestas por el hecho de no poder bailar en público, no mostrar su cabello y no mostrar efecto a un hombre abiertamente. Todas estas prohibiciones en nombre de la religión. La diferencia es que, en tiempos recientes por la propagación del internet y las redes sociales, muchos de estos casos de violencia dentro del sistema religioso se han dado a conocer. Lo quieran admitir o no; lo sepan o lo desconozcan, la herramienta principal dentro de la iglesia y las comunidades de fe es la persuasión.

Existe una diversidad increíble dentro de cada religión en términos de cómo los miembros definen sus conexiones con ella. Para algunos, las creencias teológicas y los rituales de adoración de una religión son fundamentales para sus vidas. Otros se sienten más atraídos por la comunidad y la cultura de una religión que por sus creencias y rituales. Muchos incluso se sienten parte de la cultura de una religión, pero eligen no participar en absoluto en sus rituales. Algunas personas se sienten libres de elegir una religión por sí mismas o de rechazar la religión por completo como parte de su identidad. Otros sienten que han nacido y crecido en una religión en particular y no quieren o no pueden cambiarla. Algunos gobiernos otorgan privilegios a una religión y no a otras, mientras que otros gobiernos protegen la libertad de los ciudadanos de seguir cualquier religión sin privilegios ni sanciones. La religión es probablemente el sistema de creencias más fuerte que ha existido durante miles de años. En muchos sentidos, es un código de conducta, un libro de reglas que permite a los creyentes funcionar de una manera no primitiva o culta. La mayoría de las religiones imponen el comportamiento moral a través del refuerzo positivo y negativo al infundir elementos de "temor de Dios" en las escrituras, como el concepto de karma y reencarnación en el hinduismo, el cielo-infierno y la salvación en el cristianismo, el paraíso y el infierno en el islamismo, el más allá y la reencarnación. En las religiones populares indígenas chinas, y la liberación del ciclo de reencarnaciones y alcanzar la iluminación en el budismo.

Tal vez muchas de las cosas que he compartido en este escrito te parecerá extraño, ridículo o extremista, pero tal y como les mencioné: por amor y por religión el ser humano es capaz de hacer cualquier cosa. Lo interesante es que muchos de estos seguidores o practicantes no son obligados. Siguen a sus líderes y practican sus doctrinas porque fueron convencidos que es lo correcto. Para bien o para mal, la persuasión juega un papel fundamental dentro de la religión. Quien entrega un mensaje basado en un libro sagrado, en doctrinas humanas o en convicciones personales, necesita convencer al que escucha que su mensaje es real y verdadero. Quien no logra convencer o persuadir al oyente, no logrará que ellos vivan conforme al mensaje que están expresando. Es responsabilidad de cada ser humano evaluar si la fe que vive es por convicción personal o basado en la persuasión de quien entrega el mismo.

KIT DE EMERGENCIA

1. **Cree en algo:** La religión erradica de allí, esas ganas insaciables y desesperadas de creer. Eso es lo único que rescato de la iglesia, esa necesidad de sembrar la fe en los seres humanos. Si crees en algo, ya eres religioso. Sin excepciones.

2. **Dios ama, no rechaza:** Le he preguntado a decenas de sacerdotes y cientos de cristianos si Dios explícitamente expresó su rechazo hacia las personas homosexuales y aún no me han mostrado el texto que afirme la creencia de la Iglesia. Lo que sí Jesucristo dijo es que somos su imagen y semejanza.

3. **No uses a tu Dios como chaleco antibalas ante los errores:** Una de las acciones más cobardes que puede hacer un ser humano es usar a su Dios como un chaleco antibalas ante la avalancha de errores que comete día

tras día. Tan desgraciada es la persona que comete un crimen, como aquella que usa a Dios como defensa y protección de sus prejuicios, discriminación extrema y violencia de cualquier tipo. Algo que estoy de acuerdo con los católicos es el practicar el *mea culpa*. Los católicos están acostumbrados a decir en cada misa: "Por mi culpa, por mi culpa, por mi gran culpa". Y sí, absolutamente todos los errores que cometemos son bajo nuestra propia responsabilidad y existen cero excusas para discriminar en nombre de Dios, porque un Dios jamás divide, une.

4. **No reces, ten una relación con tu Dios:** Que tus palabras sean semejanza de tus acciones. De nada te sirve ir a la iglesia todos los domingos, bendecir los alimentos, casarte por la iglesia, predicar la palabra, colocar salmos en tus redes sociales y bendecir todo lo que se te atraviesa si uno, no das el ejemplo de todo lo que predicas, y dos, si no tienes una buena relación con Dios. Para ejemplos estoy yo. Tengo 4 años sin ir a una iglesia aunque le doy gracias a Dios todos los días por despertar con suficiente oxígeno para respirar porque al final ningún plan es fijo en la vida, excepto dejar de respirar. Eso te pasará algún día. A ti y a mí. O viceversa primero. No lo sé. En el entretiempo, a

dar gracias porque queda mucho por hacer y aun ese día,

a medida que corren las horas, no nos ha llegado.

Dios creó una sola raza, la raza humana.

La raza humana creó otra, el racismo.

EL PODER DE LOS SIN PODER

"Hemos construido un sistema que nos persuade
a gastar dinero que no tenemos, en cosas que
no necesitamos, para crear impresiones que no
durarán, en personas que no nos importan"
Emile Henri Gauvreay

La persuasión es intangible, pero realísticamente puede sentirse y reconocerse si es estudiada, y por eso estoy aquí, ¡para que no te dejes persuadir! Las redes sociales han revolucionado el mundo entero a través de seis pulgadas de la pantalla de un móvil. Pero, la red social es la hija de la tecnología, su apoyo la madre y el inquietante placer de impresionar a otros, su padre. De allí nacen las redes sociales.

Hablando de partos y nacimientos metafóricos e inverosímiles, la internet nació en 1982 y la persuasión antes de Cristo. Es por eso por lo que el hombre duró solo ocho años para inventar una zona desconocida en el mundo de la internet que tomaría vida en futuras generaciones: la tecnología persuasiva. En los años 90', la universidad donde tuve el placer de estudiar leyes, la Universidad de Stanford, reveló un estudio el cual influía en los procesos de compras online y cómo usar la tecnología para adquirir hábitos de vida saludable. En otras palabras, usar la tecnología para crear necesidades en los demás. Todo hubiese quedado en unas cuantas conferencias y artículos académicos, pero en 2007 la clase del científico y autor estadounidense, BJ Fogg, reveló de manera practica el rol de la persuasión en las redes sociales y la inteligencia artificial. El profesor de la Universidad de Stanford y fundador del *Stanford Behavior Design Lab,* anteriormente conocido como el Laboratorio Tecnológico de la Persuasión, lanzó el reto de crear aplicaciones para Facebook™ basándose en los modelos de tecnologías persuasivas: *The Facebook Class.* El resultado fue que veinte millones de usuarios instalaron las aplicaciones. Seis de estas aplicaciones o *apps* como se les conoce ahora, se colaron en las primeras diez de Facebook™ y lograron un valor de diez millones de dólares. Algunos estudiantes de BJ Fogg se hicieron ricos, incluyendo el fundador de Instagram™, Mike Krieger, el cual fue parte de dicho estudio despertando el interés en futuras generaciones de aplicar el uso de la tecnología persuasiva y los modelos psicológicos de cambio comportamental con fines comerciales y de negocio.

TIKTOK™: LA RED SOCIAL MÁS PERSUASIVA DE LA ERA

Quizás en los últimos días te pasaron un video por WhatsApp™, Facebook™, u otra red social de un típico baile, una señora haciéndose viral por sus costumbres de señora mayor, un hombre con cuerpo robusto haciendo un baile que brota toneladas de testosterona. Estos videos son hechos por personas que la mayoría de las veces no son famosas, pero tienen algo que mostrar. Si no lo sabias, te topaste con la red que según el periódico Marca, es la red social de la que todos hablan.

Esta red social que fue originada en China, la potencia mundial y enemiga rotunda de los Estados Unidos, desarrolló un espacio virtual donde le daba una plataforma a aquellos que no la tenían. Era una plataforma que recolectaba, reconocía y permitía a talentos no conocidos en los medios, a posiblemente dar un paso gigante a la fama a través de una cámara y un video de máximo sesenta segundos. Allí está la primera fase de la persuasión; la escasez. Hoy en día, después de cinco años de ser inventada, TikTok™ cuenta con usuarios en más de 150 países, ofreciendo videos en más de setenta y cinco idiomas y registrando alrededor de un billón de personas como usuarios frecuentes de la red social, lo que equivale a 2,976 personas registradas por día, 20,833 personas registradas por semana y 83,333 personas por mes.

Sin ganas de arruinar la inocencia de muchos, los bailes irrepetibles, y los retos o *challenges* más vistos del mundo, la red social TikTok™ es la red social más persuasiva en la historia de la tecnología. Ha dominado a billones de personas, presentando una inocente manera de explotar talentos caseros como bailes, retos y hasta innovadoras formas de ordenar comida en diferentes restaurantes. Sin embargo, esta red va más allá de eso. Utiliza la persuasión y la célula cerebral llamada melatonina, para causar una necesidad en la vida de cada quién. TikTok™ fue creada con la intención de ser la respuesta que buscamos para matar nuestra ansiedad, alegrar nuestro o día, o recurrir a consejos innovadores. Es una aplicación cuya misión es la siguiente: "No darle al público lo que piden, el objetivo es hacer que pidan lo que ofrecemos."

Las redes sociales no tienen filtro, y tampoco comodines o pases a la fama. En las redes sociales podemos convertirnos en lo más estúpido, lo más maravilloso e innovador, o en una combinación de ambas: innovadoramente estúpido. El espacio en esta red social no está reservado para bailarines o jóvenes, también está la puerta abierta para políticos que quieren influenciar y persuadir a jóvenes votantes en tan solo sesenta segundos. Las pasadas elecciones presidenciales en Colombia fueron un gran ejemplo del impacto de las redes sociales en el ámbito político. El excandidato a la presidencia de la República de Colombia, Rodolfo Hernández, aprovechó la influencia y la inversión de tiempo de millones de jóvenes colombianos para persuadirlos, de manera efectiva, y ganar sus votos. Rodolfo lo que no sabía era que se convertiría en el "Donald Trump" de Colombia.

Las redes sociales son totalmente persuasivas, unas más que otras. En este caso, TikTok™ tiene tres leyes que otras redes sociales no tienen: la ley de lo atractivo, la ley del incentivo y la ley de la constante sorpresa. John Anderson, escritor, acostumbraba a decir: *"Si quiere ser presidente, no pierdas el tiempo: tome un video y practique durante horas para aumentar su atractivo televisivo."* Esta red tiene esa atracción.

Al final, tenemos derecho a expresar libremente todo aquello que se nos esté permitido decir, y de allí utilizamos nuestro pensamiento para saber que queremos escuchar. TikTok™ es eso, una puerta sin cerradura ni vigas que recibe de lo más atroz, hasta gritos de libertad. Como decía la escritora británica, Virginia Woolf, *"no hay barrera, cerradura ni cerrojo que puedas imponer a la libertad de mi mente."*

Pero esto es sólo un abreboca de la molestia inteligente que ocasionó TikTok™ con la única intención de generar más visualizaciones en su data. Y ya que toqué el tema de la data e información de sus usuarios, esto ha sido lo que ha causado a algunos países a considerar futuras censuras o la completa eliminación de esta red social. India dio el primer paso, convirtiéndose en el primer país en prohibir el uso de TikTok™ seguido por Indonesia, Bangladesh y Australia. Todos creen que la aplicación es una amenaza a su seguridad nacional y a la privacidad de sus ciudadanos. Según *The Economic Times*, el Ministerio de Tecnologías de la información de la India hizo la siguiente declaración:

"La recopilación de estos datos, su extracción y elaboración de perfiles por elementos hostiles a la seguridad nacional y la defensa de la India, que en última instancia afecta la soberanía y la integridad de la India, es un asunto de preocupación muy profunda e inmediata que requiere medidas de emergencia."

Sin duda, esta red social ha causado polémica en todos los sentidos y ha causado una molestia positiva, ya que le ha traído más fama, alrededor del mundo. Desde la atípica creación de una nueva cuenta hasta diferentes reclamos por la Comisión Federal de Comunicaciones de los Estados Unidos para eliminar la red social de la tienda de aplicaciones de Apple™ y Google™ alrededor del país. Ha sido Brendan Carr, el presidente de la Comisión Federal de Comunicaciones (CFC), quién ha solicitado su expulsión del país luego de la aparición de informes sobre el acceso a datos privados que viola las garantías de privacidad de sus usuarios. Durante un comunicado Carr mencionó: *"TikTok™ no es solo otra aplicación de video. Esa es la piel de oveja. Recopila franjas de datos confidenciales a los que se accede en nuevos informes en Beijing."* Estos datos fueron publicados por *BuzzFeed News*, en donde se exhiben partes de un audio recogido en más de ochenta reuniones sostenidas por ingenieros de *ByteDance*—la compañía principal que dirige a TikTok™ de manera interna.

Algunos empleados de TikTok™ bajo anonimato, aseguraron que toda la información de cada usuario está siendo observada y analizada por el Gobierno Chino para así estudiar los comportamientos sociales de las personas y la generación actual en el mundo, con una clara intención de amenaza hacia los Estados Unidos. Incluso algunos empleados estadounidenses informaron a la plataforma *BuzzFeed,* que no tenían permiso o el conocimiento de cómo acceder a los datos por su cuenta, aun siendo empleados de dicha red social. Esto sin duda desató polémicas, obligando al presidente más polémico de la historia moderna, Donald Trump, a ofrecer declaraciones sobre un tema nuevo en la sociedad desconocido para muchos, y amenazante para la libertad de expresión de los Estados Unidos. Por parte de Trump, su presidencia fue conocida por un constante ataque a las políticas del Gobierno Chino, su repulsión por las redes sociales, y sus tácticas para arrinconar y poner en jaque empresas como TikTok™, Facebook™, el bitcoin, y otras redes. Sin embargo, el objetivo de Trump era desaparecer el impacto y la presencia del Gobierno Chino en la mente y en el día a día de los estadounidenses. Por ejemplo, en 2018, en diversos medios de comunicación compartieron la noticia que la administración de Trump decidió bloquear la venta de productos Huawei y ZTE. Pese a estas sanciones, muchas empresas estadounidenses no tienen acceso libre al mercado chino debido a un bloqueo desde Beijing contra empresas que eran el puente de contacto entre los ciudadanos de Hong Kong y el resto del mundo. Facebook™, Google™, Twitter™ y otras redes han intentado, por años, responder a las demandas del gobierno chino sin entorpecer su propia actividad. Esta decisión china es conocida como "The Great Firewall", una analogía que encaja con la milenaria Muralla China que existe en ese país, y que protege a sus habitantes ante cualquier amenaza.

En ese contexto, y tras el rápido aprendizaje en programación, la comunidad tecnológica china comenzó a desarrollar sus propias herramientas. LINE®, WeChat®, Weibo®, AliExpress® y otros grandes nombres comenzaron a ganar terreno en Asia y otros lugares. En esa escuela creció TikTok™. Aunque el gobierno chino ha negado todas las acusaciones relacionadas a la posesión de información privada de millones de personas alrededor del planeta, la Republica de China es un enemigo histórico del mundo ya que es unas de las naciones que tiene hambre de liderar el mundo y eso se hace en dos pasos: dándole a jóvenes—incluso menores de edad—una plataforma que los haga sentir como protagonistas en una "red social moderna" cuando en realidad es una aplicación que constantemente recolecta información, estudia el comportamiento humano, y recopila datos personales para crear una necesidad existente en cada usuario, convirtiendo a TikTok™ en el fenómeno mundial de la era moderna y en la red social más persuasiva de la era.

TIKTOK™: LA INFLUENCIA DEL DOUYIN

Muchos piensan que el nombre de esta red social es una alusión al tiempo y las manecillas del reloj ya que los videos son cronometrados y con un límite de sesenta segundos. Algunos argumentan que el nombre de la aplicación se origina del sonido natural del reloj al alcanzar todas sus manecillas al doce, indicando que han transcurrido sesenta segundos, el cual es la duración de un video. Todo esto es persuasión a través de una ley de asociación: todo aquello que se relaciona, así sea positivo o negativo, cierto o falso, pero no quita el hecho de que se relaciona de alguna u otra manera. Por ejemplo, muchas personas asocian la palabra *buscar* con la compañía Google®, y otras asumen que el referente principal de un *teléfono móvil* es un iPhone®. Sin embargo, Google® está muy lejos del significado de la palabra buscar, internet, o tecnología. De hecho, Google® hace el honor al término matemático "gúgol", que es el número diez elevado a la potencia de 100. Los creadores de Google®, Larry Page y Serguei Brin, decidieron nombrar a su compañía Google® por un error ortográfico en la patente legal de la empresa, utilizando esta referencia matemática como objetivo de crear una web que organizara la inmensa información que puede encontrarse en un mundo de ideas, como lo es el internet. En otras palabras, Google® fue dado ese nombre por ensayo y error.

En este caso, TikTok™ deriva de la palabra *«Douyin»*, que se traduce como «sonido al agitar» en español. Su nombre se refiere a los millones de clips musicales con canciones de fondo, imitación de sonidos, baile y hasta sincronización labial simultánea. Este nombre hace alusión al ser humano, en este caso el cuerpo, ya que fue una aplicación ideada para bailes, imitaciones y videos cortos y todo tiene un ritmo, un sonido, y una forma. Otro dato persuasivo y con doble sentido de esta aplicación es el logo. El logotipo de TikTok™ parece una nota musical, pero en realidad es una «d» minúscula estilizada, una referencia al nombre chino de la aplicación. El parecido con una nota musical influye a jóvenes de esta generación a descargar y formar parte de este movimiento mundial, el sentido de la asociación. El rol de esta aplicación es demostrarle al mundo que todos tenemos una rareza, una causa y una forma de comunicar. TikTok™ ha demostrado a través del tiempo que todo comunica, desde la forma de vestir hasta la manera en que caminas. La comunicación va más allá que las palabras.

EL INTERNET: EL PODER DE LOS SIN PODER

La tiranía empieza oprimiendo al pueblo hasta que quede sin voz. Las redes sociales fueron ese salvavidas que le dio la oportunidad a millones de personas en países donde abundan los tiranos como Cuba, Nicaragua, México, y hasta mi propio país, Venezuela. Como te dije hace unas cuantas líneas atrás, las redes sociales le dan la plataforma a aquellas voces que no han sido amplificadas, y por lo tanto no hay un filtro que regule lo que entra o sale de esa red social. Unos la utilizan para promover desinformación y cosas bizarras, otros para rebelarse ante los ISMOS que les ha dado la vida—chavismo, castrismo, comunismo, y socialismo—, y ellos han sido las heroínas de nuestra Generación Z, ellos son el José Martí de Cuba y el Simón Bolívar de Venezuela. Cuando los gobiernos socialistas pensaron que la única forma de tener el pueblo a sus pies era quitándole las armas, la generación de hoy decidieron portar, hacer uso, y crear el arma más letal, aquella que desespera y puede acabar cientos de vidas con tan solo un clic: las redes sociales.

Ellos decidieron usar las armas que no necesitan licencia, las armas que no hay que las prohíba, y decidieron usar su voz como recarga y la desesperación como bala fría para conseguir justicia.

Cuba es un ejemplo de cómo los jóvenes utilizaron el internet para tomar poder. Después de sesenta y tres años de dictadura castrista y veintiocho años de un silencio social y una sumisión ante el régimen, el pueblo salió a las calles a protestar, ganándose los espacios públicos y sacudiendo a toda una isla. Y sí, los que despertaron a toda una isla fueron la Generación Z, aquellos que son conocidos por estar causando problemas. Al otro lado del continente tienes a gran parte de ellos representando a todo un país cansado de la tiranía. Esta rebelión ante la dictadura castrista fue producto de las redes sociales. Los cubanos sabían que carecían de megabytes para difundir un video, pero lo que sí sabían era que les sobraba memoria para grabar todas las atrocidades y violaciones de derechos humanos que aún se viven en la isla. Un 11 de Julio del 2021 fue la fecha histórica donde Cuba, luego de más de medio siglo de dictadura gritaba basta, pero lo que no sabían es que el grito era ensordecedor, y aquella que ayudó a amplificar esas voces fueron las redes sociales. De hecho, el gobierno cubano señaló como instigador directo de las manifestaciones a las redes sociales y al gobierno de Estados Unidos. Más allá de la denuncia, las redes sociales como Facebook™ y Twitter™ fueron un actor protagónico en las protestas.

Dado que no hubo un liderazgo formal o figura que convocara las marchas, las personas se fueron enterando de los puntos de reunión a través de las redes. Ya en las calles con sus celulares tomaban imágenes, hablaban por teléfono y buscaban enviar fotos a familiares o subirlas a la red. Pasaron los días y el gobierno cubano estaba en jaque. Los Estados Unidos aumentaban sus sanciones, el pueblo cubano se multiplicaba en las calles y aprovechaban las escasas oportunidades de internet para gritarle al mundo lo que pasaba en la isla ya que las redes sociales eran los únicos medios de comunicación veraces. Te das cuenta de que las redes sociales son más contundentes que un tiro en la sien, cuando ves a un gobierno castrista desesperado y ahogado. El indicador más contundente del impacto de las redes fue la decisión del gobierno de interrumpir el servicio de datos móviles.

Aparte de sangrantes videos de cómo secuestraban, mataban, y agredían a los jóvenes que estaban obstinados de la famosa revolución, lo que más me causó escalofríos fue escuchar las historias tan desesperantes de las madres que no tenían qué darles a sus hijos. Estoy escribiendo esto ahora mismo y se me eriza la piel como si estuviera en la Antártida con tan sólo pensar en los gritos de aquella muchacha que les pedía a los funcionarios cubanos que hicieran su trabajo, servirle al pueblo. En realidad, esta joven cubana no tenía ni la más remota idea de que lo que ella estaba creando a través de su video en vivo por Facebook™, era una ola de conciencia de miles de madres cubanas donde le siguieron el paso y decidieron salir a la calle y denunciar al gobierno.

Cuando todo parecía calmarse en Cuba, una ciudadana corriente decidió usar las redes sociales cómo su arma de salvación. Amelia Calzadilla, vive en el municipio Cerro, en La Habana, y es traductora. En su declaración, exigió a la cúpula del poder en Cuba hacer bien su trabajo o "vender el país", porque los cubanos ya no aguantan más. Ella estaba desesperada y en su desesperación jamás se imaginó que pondría a Miguel Diaz Canel en jaque. Amelia Calzadilla estaba quemándolo en un polémico video de ocho minutos donde acusó al gobernante y sus ministros de llevar una vida como deidades a costa del sacrificio del pueblo. El video cayó como una ráfaga de tiros en el Palacio de la Revolución y en menos de 24 horas miles de cubanos admiraban la valentía de Amelia y le decían que no estaba sola, que se unían a su propuesta bien planteada. Amelia era un claro ejemplo de persuasión positiva. Sabía que era el momento perfecto ya que Cuba estaba en un silencio sepulcral, tenía una pregunta clara y contundente. Fue simple y su vocabulario era accesible para todas las clases y sociales. Por último y más importante, su video era tan sentido porque no hablaba de la historia de otros, ella narraba el sufrimiento que ella misma enfrentaba como madre, como mujer y como cubana. Amelia pedía acceso a los derechos humanos y a una calidad de vida, algo que para el pueblo cubano es un lujo. *"La gente quiere comer, llegar a su casa y comerse un plato de comida. Yo tengo tres [hijos] y no me puedo ir porque no tengo dinero para irme. Ni tampoco tengo por qué hacerlo porque yo nací en este país igualito a ti. Los derechos de ciudadana que tengo son los mismos que tienes tú."*

LAS REDES SOCIALES PERSIGUIENDO INJUSTICIAS

Cuba no fue la excepción. Desde hace unos años, los jóvenes concientizaron que lo que tenían en sus manos iba más allá de tomarse fotos en el restaurant, tomar llamadas de sus parejas, o mandar mensajes hasta que quedemos inconscientes de sueño. El teléfono era el arma blanca que podía ser tu evidencia, testigo y hasta un perseguidor de injusticias.

Samantha entendió la misión de las redes sociales y pensó como toda una *netsuader* para persuadir a través de la razón, a que otros desmantelaran la verdadera personalidad de sus jefes. Este es el caso de una *tiktoker* que expuso a su exjefe por hablar mal de ella estando muy cerca. Samantha señaló que renunció a su trabajo después de escuchar y grabar a su jefe hablando mal de ella en la misma área de trabajo. Lo que parece una noticia heroica y valiente, se convierte en una acción muy persuasiva por parte de Samantha.

Ella ya sabía que renunciaría a su trabajo, pero no quería que fuese una renuncia como cualquier otra. No quería darle el privilegio a su jefe de deshacerse de ella sin él aprender las consecuencias de sus acciones. Y es aquí la clave de como las redes sociales es el poder de los sin poder. Samantha no tenía nada que perder. Al igual que Amelia en Cuba, ella estaba desesperada y dispuesta a todo porque ya había perdido lo más preciado: la libertad, el respeto y el trabajo. Cuando no tienes nada que perder, te lanzas al agua, aunque sea a ciegas. En este caso, la joven de nombre Samantha, compartió el video en TikTok™ en el que evidenció a su jefe teniendo una mala praxis laboral. Samantha sabe que ésta es su salvación ya que no puede reclamar a su jefe que éste es el que está siendo injusto. También, la chica estaba consciente que reportarlo a recursos humanos iba a ser una pérdida de tiempo. Después de grabar el video, la chica esperó el momento ideal, tenía algo que decir que fuese personal, contundente y simple.

> *"Renuncié a mi trabajo de cuatro años hoy. Ya terminé con estos irrespetuosos, no he recibido capacitación de los gerentes. ADIÓS"*

Después de darle clic y subir el video a la plataforma, TikTok™ le concedió en cuestión de horas el poder y el reconocimiento de tan solo 183 mil personas que apoyaron el video. Casi 1,500 personas comentaron sobre la injusticia y 1.4 millones de personas reprodujeron dicho video. Samantha se convertía en la superhéroe sin capa de todos aquellos que han sido abusados por sus jefes. Al final, la gente se convierte en reportera de injusticias. La gente no renuncia a sus trabajos, ellos renuncian a sus jefes. La Organización Internacional del Trabajo declaró que 6 de cada 10 trabajadores sufren acoso y violencia laboral. Usa tu arma letal de la era y termina como Samantha. Revélate ante la injusticia, graba, sirve de ejemplo. Puede ser que hasta termines con un nuevo puesto en otra compañía y con el reconocimiento mundial.

Las redes sociales son 'el poder de los sin poder'. Son catalizadores. Es la posibilidad de que gente común o activistas que no necesitan tener un cañón, un periódico o un canal de noticias, puedan manifestarse, conectarse, dialogar con otros y manifestar su rechazo con lo que están viviendo. Las redes sociales han conmocionado el mundo, ha detenido a millones de jóvenes, impulsado a otros y hasta también ha servido como fuente de queja y fuente de injusticias. Al final, por bien o por mal, sigue siendo persuasiva. De eso se trata, de reconocer la persuasión desconocida, esa que produce beneficios y resultados positivos y por otro lado reconocer la persuasión negra, la que a todos le huyen. Las redes sociales es una mezcla de ambas, causa mucho daño y también sirve de salvación a otros. Todo depende de los puntos de vista, lo más difícil de la vida es lograr un punto de vista claro y objetivo y que no cambie a través del tiempo, la sabiduría y el conocimiento. Las redes sociales te demuestran que son como la champaña, y la champaña te demuestra lo que es la vida en sí. Así como las espumas, todo lo que sube, baja en esta vida. Aprovecha tu cámara, graba, y conviértete en un contrapoder de aquellos que tienen el poder.

La fórmula persuasiva que nos hacemos en la mente para resolver nuestros conflictos de manera efectiva es crítica cuando deseamos causar este tipo de impacto. Indudablemente, sentirme sin libertad, con miedo de expresar quién eres y lo que piensas es intimidante y es algo que viví desde muy niño. Debido a eso comencé a desarrollar atajos para encontrar la libertad. No hay nada más desesperante que sentir cómo te quitan tus derechos. Es tan desesperante como nadar en la madrugada a mar abierto. Estás lleno de incertidumbre porque no sabes qué hay debajo del agua. Así sientes como te arrebatan la libertad y estas herramientas a continuación servirán de mucha utilidad para entender y utilizar la persuasión a tu favor a través de las redes.

KIT DE EMERGENCIA

1. **Todos tienen voz, pocos amplifican voces:** No hay algo más trillado y absurdo que decir: "Estoy aquí para representar a aquellos que no tienen voz". Cada uno de nosotros tiene la voz, no todos tienen el micrófono para expandirlo a los cuatro vientos. Ahí la diferencia.

2. **FIAR en tu mensaje:** Fresco, Instantáneo, Amplifica, y Repite (FIAR). Esta fórmula te ayudará a incrementar tu audiencia e interacción en redes. Debes invertir cada vez más en tu mensaje y para construir la fórmula FIAR lo más eficaz posible, tu mejor amiga será la pregunta: ¿Por qué? De nada te sirve explicar el qué, explica el por qué lo haces y para qué.

3. **Menos, es más:** Si, es una de las frases más clichés y subestimadas del planeta. Conmigo no agarres la frase por ahí, mi filosofía es distinta. Siguiendo el paso 2, te explicaré

el porqué de esta frase. En política estadounidense decimos *"be brief, and be gone"*, refiriéndose en español, "sé breve, y vete". Nadie captará cuatro ideas distintas en una oración, pero si captarán una idea contundente en diez palabras; incluso menos. En un minuto puedes decir hasta noventa palabras. Puedes decir hasta treinta y cinco palabras bien pronunciadas sin tomar aire. Y, una idea con plan de acción llega al cerebro en quince segundos. Tenemos hasta las palabras contadas.

4. **Calcula tus palabras:** Tu lenguaje no verbal es el arma, tus palabras son las balas. Al instante que el receptor empieza a dudar de ti o notar tus inseguridades, empiezas a quedarte sin balas. Sintetizar te ayudará a despejar cualquier objeto que te impida disparar a donde debes impactar con tu palabra. Los matices de tu voz le darán contundencia a tu mensaje. Sintetizar también será útil para que tu material sea instantáneo, fácil de digerir y reproducible a diferentes tipos de audiencia. ¿Cómo sintetizar? Leyendo lo que has escrito en voz alta tres veces en un espejo de manera consciente y evaluar si el tono y contenido te retumba, te eriza o te motiva a seguir hablando y escuchando del tema. Para eso necesitas quitarte caretas, guardar el ego en el armario y ser objetivo.

5. Compartimos contenido que:

    a.   Me ayude a responder inquietudes

    b.   Coloque en palabras aquello que no sé explicar

    c.   Ayude a cambiar mi estado de animo

    d.   Me ayude a quedar bien con otros

    e.   Respalde mi opinión

    f.   Ayude a ayudar a otros

LA REGLA DE 3P: PODER, POLÍTICA, PERSUASIÓN

"Solo hay una cosa en el mundo
peor que estar en boca de los demás,
y es no estar en boca de nadie"
Oscar Wilde

Esta regla de tres son el "jaque-mate" de nuestra sociedad. Una vez más te digo cómo la persuasión está presente en todo. Al final quiero que sientas la misma fascinación que sentí al escuchar este tema por primera vez, el cual se apoderó por siempre de mis horas, mis noches, mi forma de trabajar y hasta mi manera de hacer alianzas. Quiero que sientas esa sensación cuando jugamos *Monopolio* y vemos que estamos a punto de caer en quiebra, y todas las casillas que toquemos, debemos pagarle al dueño de la propiedad. Lo mismo pasa con la persuasión. A medida que vas recorriendo la vida, con los lentes persuasivos puestos, te das cuenta de que todo tiene un toque profundo de persuasión por el medio.

La verdad sea dicha, hemos crecido con estas tres armas por toda una vida. Con ellas hemos crecido, unos dentro, otros fuera de ellas. Unos hemos estado en la política y olido de cerca el poder y su influencia, otros lo ven desde el supermercado cuando hay inflación, otros en televisión cuando no le dan la pena de muerte a un asesino serial, como Jeffrey Dahmer por temas políticos como su color de piel y arte de persuadir.

El poder siempre es nuestro vecino invisible. Lo puedes percibir, oler, pero se esconde en edificios y personalidades. La iglesia es el poder de la religión, en las leyes está el poder judicial, en la política el poder sobre la gente. Es tan imposible vivir sin estas tres armas letales, sería como tratar de pronunciarlas sin separar los labios. Y para hablar de cualquier cosa con fundamento, debemos tener el origen. El porqué de las cosas.

PODER

La palabra poder la hemos puteado de una manera olímpica. Libros motivacionales, "coaches de motivación" autoproclamados, y la plasticidad de los *"influencers"* que no mueven ni el plato de lo que comen ha desviado el significado de una palabra cuyo propósito es marcar precedente. La palabra *poder* proviene del latín[41], *"possum"*, una palabra compuesta donde *pos* significa capaz de y *sum* se refiere al ser o existir. En palabras coloquiales, el poder es crear una entidad o personalidad que represente un ser o la existencia de algo que le afecte o beneficie a la sociedad.

Dicho esto, hay palabras clave en la definición de esta palabra que nos dice el por qué esta palabra nos domina o desequilibra: existir, ser, y sociedad. El poder jamás es de una sola persona, al igual que el éxito. No existe alguien exitoso, sin poder. No hay poder, sin influencia. No hay influencia, sin un apoyo colectivo. Para el autor original de la teoría de la burocracia, Max Weber, la palabra poder es la probabilidad de imponer la propia voluntad, dentro de una relación social, aun contra toda resistencia y cualquiera que sea el fundamento de esa probabilidad.

---

[41] Ve a la última página y encuentra el diccionario de palabras que debes tener en mente antes de salir a persuadir al mundo.

EL TRIANGULO (P)

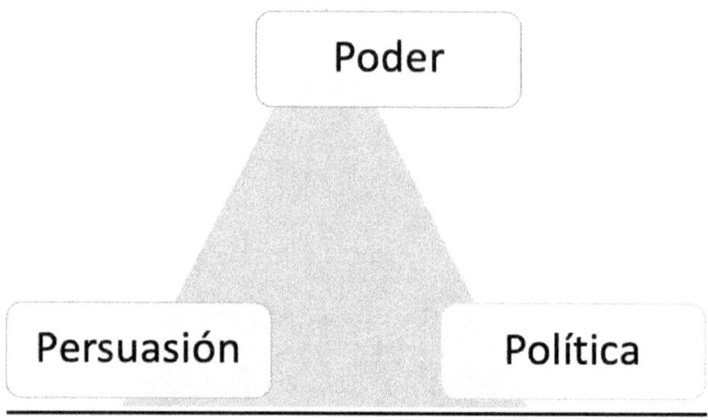

El poder es la base de este triangulo conformado por la política y la persuasión. El poder es ese ingrediente social que no puede concebirse en forma aislada o independiente, sino siempre en grupo. Este fenómeno es palpable a través de las relaciones sociales. De allí nace mi teoría, la teoría Moros.

TEORIA MOROS

Nuestro poder ante la vida empieza por las relaciones que establecemos en la vida. Las personas son las difusoras de poder, la persuasión es la intensidad con la que personas comparten dicho poder, de allí nace la influencia. De esa necesidad por apoyar a aquel que nos hace sentir escuchados y nos representa. El poder es la base de la influencia, el ser humano es la inyectadora, la persuasión es el químico, el cianuro, que te ciega y pierdes las luces de la realidad como la inyección de pena de muerte o te despierta como balde de agua fría.

Los extremos sociales que nos llevan a perder la objetividad de las cosas, a polarizarnos entre blancos y negros, heteros y homosexuales, hombres y mujeres, socialismo y capitalismo, demócratas y republicanos, chavistas y opositores, hispanos o americanos son originados por el poder. El poder es darle la esperanza a una persona que no ha comido con nosotros, no ha visitado nuestra casa, no está en nuestro radar, no conoce a mi familia, pero transmite algo que ninguno de estos ha hecho: nos da la esperanza de salvarnos, de liberarnos, de entendernos y de ayudarnos. La esperanza es el ideal más poderoso que ha movido a la humanidad. La esperanza nos seduce, nos hace soñar, y si la usamos sin juicio, es nuestra desconexión a la realidad. Por ejemplo, no hay nada más seductor que darle el poder a alguien en tiempos de renuncia y desolación social. Por lo general apoyamos por tres cosas: por admiración, desesperación, o inseguridades personales.

Esto es intangible. El poder no es una transición de gobierno, no es un intercambio de regalos; es simplemente esa gota de agua que dejas en el vaso de otro. El poder empieza con el apoyo. No tienes que ser una personalidad reconocida para otorgar poder. El poder empieza con una audiencia de dos personas. Así llegué a ti. Mi mensaje llega a ti en estas páginas por un poder de difusión que me dio una persona, y eso siguió como efecto dominó. Empecé a hablar de un tema que muchos subestiman o desconocen, y causando molestia en otros fue que pude llegar a ti. Que lo diga Buchheim, un científico alemán que estudiaba el poder de la influencia en otros, el cual lo describía como la fuerza y capacidad que una persona desarrolla para movilizar a una sociedad por ella misma o su mensaje. Por lo tanto, la influencia es el resultado que obtienes como resultado de la convivencia con los demás.

Así que dejémonos de pendejadas con el romanticismo irresponsable en usar palabras fueras de contexto, para añadirle esperanzas que no llevarán tus ideas a un plan de acción. No se trata de decir frases clichés como: *"Si yo puedo, ¿Quién contra mí?"*, *"Querer es poder"*, *"Empodérate de ti mismo"*, y otras más que puedes buscar en Google colocando "frases de poder personal y empoderamiento". Todo eso se lo lleva el viento, no me dices nada con eso. Hay que humanizar las cosas para liderar y que los demás puedan gozar o beneficiarse de tu idea o servicio. El poder no es individual, es colectivo. El poder no se trata de ti, sino de ellos. El poder no es el apoyo de tu mamá, es de aquellos que aún no conoces. Paremos de confundir el poder con la fuerza y la resiliencia. Tu fuerza y motivación para seguir adelante viene dentro de ti, el poder es lo que obtenemos como resultado de nuestro trabajo, reputación y valor basado en nuestra convivencia o relaciones con los demás.

Una de mis bandas favoritas, Molotov, escribieron unas de las canciones más poderosas en la era moderna. ¿Por qué? Porque la lírica de la canción narra el papel que juega el poder sobre política, sobre todo en gobiernos autoritarios y anárquicos. Es una canción que se ha convertido en un himno para millones de personas que son víctimas de su pensamiento retrograda de ser apolíticos. No hay pecado civil más atroz que no votar, permitir que los que están arriba de la teoría Moros te dominen, y que te sientas que tu voz no es relevante simplemente porque la política no te "afecta" directamente. La canción *"Gimme tha Power"* tiene frases que sirve como lazo de ambas palabras: poder y política. La canción es una crítica directa a los políticos que tienen un historial de corrupción, abuso de poder y violación a los derechos humanos.

Escucha la canción, repítela todas las noches por veintiún días, y veras que tu concepto de "la política no es lo mío" desaparecerá cuando escuches de fondo:

"Hay personas que se están enriqueciendo

Gente que vive en la pobreza

Nadie hace nada

Porque a nadie le interesa

Es la gente de arriba te detesta

Hay más gente que quiere

Que caigan sus cabezas

Si le das más poder al poder

Más duro te van a venir a coger.

Dame, dame, dame, dame todo el power

Para que te demos en la madre

Gimme, gimme, gimme, gimme todo el poder

So I can come around to joder."

Esta canción no solo le abre mentes a los apolíticos, pero también a aquellos que creen profundamente en las instituciones gubernamentales y la burocracia. Yo fuí uno de ellos. **Dato imprescindible:** La mayoría de las cosas que sabes, que te falta por aprender, que revolucionaron el mundo y que te afectan, fueron originadas años antes de tu existencia en este mundo. Es por eso que el enriquecimiento cultural es la cura de todos los males.

PODER Y POLÍTICA:

No existe sociedad o agrupamiento sin poder. Lo social y el poder se implican recíprocamente. Uno no podría existir sin el otro. No existe gobierno sin poder. No hay ciudad sin dirigentes. No hay civilización sin un guía o servidor público. A esos los llamo los discípulos del poder, unos para convertirse en dictadores, otros para ser servidores públicos. Aristóteles afirmaba que el poder y la civilización son la razón por la cual una persona desarrolla el sentido innato de ser político; afirmación que generalmente se traduce, con acierto, como que el hombre es un ser social. En otras palabras, la política es como el poder, no hay escapatoria. No hay manera que puedas evadirla o ignorarla de tu vida, porque si no dominas la política para defender tus derechos, hacer incidencia, o implementar cambios en tu comunidad, pues la política terminará comiéndote día a día, lentamente, sigilosa, pero permanente.

La palabra apolítica es para cobardes. El hecho que tengamos palabras inscritas en la Real Academia Española no quiere decir que todas son de valor, con criterio, y de beneficio para la sociedad. La palabra política existe en nuestras vidas antes de nosotros existir en la tierra. Durante la cesárea de tu madre para traerte al mundo, ya estaba la política haciendo de las suyas. Por políticas de salud pública, solo los padres pueden presenciar el parto. También, los doctores y enfermeros deben usar guantes. Hay reglas universales como la aprobación del médico sobre cuál es el momento ideal para dar a luz. El parto no se puede llevar a cabo hasta que el médico—con su tacto crudo y frío que hace que la mujer sufra en silencio, con lágrimas descontroladas—determine la dilatación perfecta para romper fuente. Y puedo seguir con políticas que son establecidas incluso antes de tu nacimiento. La política es y debe ser de tu interés personal. En sí, la palabra política tiene más de 100,000 definiciones y yo no pretendo romper la magia de los números pares, eso me da ansiedad.

"Política" proviene del griego "La Politeia". Así llamaban los griegos a la ciudad. Es una palabra compuesta por *paideia*, que quiere decir educación en griego. De allí sale el término pedagogía también—*paid-agogia*—que significa conducir al niño de la mano por el camino de la vida. La Antigua Grecia fue sin duda el lugar donde se originaron muchas palabras que utilizamos en nuestro vocablo diario. Unas de las primeras palabras utilizadas en el castellano, incluyendo las palabras democracia, aristocracia y tiranía, fue la política. Estas palabras se originaron como producto de la influencia de ciudades pequeñas durante la Antigua Grecia que fomentaron el origen de estas ideologías. Para no añadir

una definición más a la enciclopedia de definiciones, mi manera de ver la política es un estilo de vida, no una ideología. Mi percepción moderna de la política es: *"El arte cívico de vivir en sociedad, ser contrapoder de nuestros legisladores a través de un proceso libre: el voto, convirtiéndonos en ciudadanos activos de cualquier nación".*

La primera vez que el poder y la política hicieron acto de presencia en un país, cambiando el poder judicial y la estructura gubernamental del país, fue en los Estados Unidos. Esto sucedió hace más de 200 años atrás, no había ni más remota idea de tu existencia en la tierra. Más del 75% de las personas que habitan Estados Unidos jamás se preguntaron del origen de sus leyes y de la tierra donde hacen vida. En 1810, el país estaba enfrentando, sin saberlo, el juicio más importante en su historia, *Marbury v. Madison.* Este caso definía el rol de la palabra *"poder"* en el ámbito político y que luego dicho precedente legal sería adoptado en más de cincuenta países: el poder como arma judicial. Los hechos de este caso se extienden a más de 500 páginas; este libro me da solo para decirte como este caso le permitió al poder judicial resolver los conflictos más difíciles de la historia del país, pero también ocasiono los estragos más crudos. Es allí donde quiero que te des cuenta de que el poder no es el problema; el problema es quien lo suministra, con qué razón, y sí usa sus frustraciones para dañar con poder. En este caso, el juez John Marshall que presidía la Suprema Corte de Estados Unidos y los otros cinco jueces de esa Corte, decidieron que: *"tenían el poder de revisar las leyes hechas por los representantes de la población y de los Estados en el Congreso de la Unión, y que tenían además el poder de nulificar dichas leyes si, en su opinión, eran contrarias a la Constitución."* Léelo detenidamente, hay dos palabras que resaltan. <u>Subráyalas</u> y continuemos digiriendo esto.

La Suprema Corte de Estados Unidos es el Zeus judicial dentro de las leyes norteamericanas. Los jueces son considerados vitalicios, los monjes judiciales que han sido los autores de resoluciones o estragos. Han apoyado algunas de las mejores causas y han propiciado las mayores crisis; entre ellas, una crisis que los jueces de aquel tiempo, ocasionaron de manera unánime: la esclavitud que luego conduciría a Estados Unidos a la Guerra Civil. En la actualidad ningún otro juez es tan respetado como los nueve jueces que integran la Suprema Corte. Muchas medidas que no puede ordenar el presidente, ni la Cámara de Representantes—Asamblea Nacional, El Ayuntamiento, o cualquier entidad en tu país que esté conformada por legisladores—o la Cámara de Senadores, ni tampoco los más altos funcionarios de Estado, puede ordenarlas la Suprema Corte. Al lograr un voto mayoritario—cinco de nueve jueces—puede dejar sin efecto una orden del presidente, nulificar una ley votada por una mayoría abrumadora de los legisladores en el Congreso, iniciar la posibilidad de movilizar el ejército en algún Estado para cumplir con sus resoluciones u ordenar una distribución diferente de los distritos electorales. Sin embargo, este poderío que actualmente tienen los magistrados no siempre fue así. La reputación de la Corte Suprema antes del caso *Marbury v. Madison* era nada prestigiosa. Años antes del caso, el primer presidente del país, George Washington, le propone a Robert Harrison ser juez de la Suprema Corte, éste lo declina porque veía su cargo judicial como representante del Estado de Maryland como algo más importante. Después de la decisión de este caso, la Corte ejerce un enorme poder. La Suprema Corte le estaba dando la bienvenida a sus puertas cerradas a los casos que formarían la base misma del funcionamiento del sistema federal de Estados Unidos.

La Corte Suprema es sin duda símbolo de poder y leyes, no de justicia. La justicia es subjetiva. Lo que es justo para mí, es injusto para otros. Las cortes son símbolo de poder, así como las iglesias lo son en la religión. La Corte Suprema ha establecido derechos fundamentales como el fin de la esclavitud contra la raza negra y la constitucionalidad del matrimonio igualitario. Aunque al mismo tiempo, también ha sido la responsable de inyectar partidismo en las leyes de Estados Unidos. Actualmente la corte está conformada por nueve jueces, los jueces de mayor prestigio en la nación. Actualmente está integrada por cinco hombres y cuatro mujeres. Por primera vez en 280 años, la Corte Suprema está conformada por una mujer hispana, una mujer afroamericana, y a su vez, formando el selecto grupo de jueces más diverso de la historia estadounidense. ¿Por qué los jueces son espejos de sus partidos, aunque juren ser imparciales? Por dos factores. Uno, al ser seleccionados por el Presidente a cargo genera una cierta simpatía de ideologías entre el mandatario y la persona que designe como próximo juez. Dos, estos jueces han tenido el poder absoluto y han sido los protagonistas de la "última palabra" en cada caso que marca un precedente sobre temas que repercuten en el bienestar de cada persona residiendo en Estados Unidos, sea ciudadano, residente, migrante temporal o indocumentado. Como te dije hace unas páginas atrás, el poder siempre ha estado a nuestro alrededor, se esconde en instituciones y personas, pero la definición está allí, palpable todos los días.

Siempre he sido creyente en definirnos. Definir nuestra vida, metas y relaciones personales. Eso nos permite saber lo que somos para poder reconocer lo que nos falta por pulir o mejorar. Por ejemplo, defino mi vida amorosa como una mierda. No porque no sepa enamorar ni cachondear, simplemente la gente que no es interesante, a mi criterio, me aburre. Definirse es necesario. Una tarde como cualquier otra, luego de trabajar más de diez horas y lidiar con políticos todo el día, solo quería llegar a casa y ver *"¡Que Locura!"*, mi programa de televisión de cámara escondida favorito, el único que me relaja hasta el punto de perder la conciencia entre mis sabanas y caer rendido de sueño. Sin embargo, nada de eso pasó. Cuando ya estaba a punto de cruzar la esquina de mi edificio, una chica que había conocido en un evento de trabajo me llama invitándome al cierre de su programa de estudio que estaba patrocinando su organización. Por teléfono me decía que el tema no era de mucha importancia para mí porque ya lo dominaba perfectamente: el *storytelling*. Con un cansancio más grande que un equipo entero de futbol después de haber jugado 120 minutos, decidí ir. Tú puedes ser el gurú de lo que sea que hagas, pero eso no te hace exento a aprender nuevas cosas sobre el tema, hacer alianzas, conocer al amor de tu vida, cerrar un contrato, o simplemente darte cuenta de que todo lo que sabias al final era solo el comienzo de lo que en realidad sabes sobre el tema. No me equivoqué.

Como es de costumbre, llegué tarde a la reunión y ya sentía como las miradas de mis compañeros se convertían en bocinas que en mi cabeza gritaban: *"¿Y este que se cree para llegar tarde?"*. Al sentarme, incomodo con la mirada de michos, la instructora nombra a un compañero al azar y le dice: *"Basado en su físico, define su nombre, genero, orientación sexual, edad y profesión"*.

La chica que le tocaba definirme quedó más asustada que sacerdote subiendo las escaleras del exorcista. Sin descuidar, empezó a tirar una avalancha de verdades:

"Basado en como entró, su físico y su manera de vestir me dice que se llama Luis, tiene veintiocho años, hombre, heterosexual, y puede que se dedique a las modas por sus lentes, a escribir por sus lentes, o a político por sus lentes". En medio de las quince carcajadas que me rodeaban, una actividad clara, corta y contundente, le había dado un despertar a mi cerebro, detectando más de una lección de vida en ese minuto:

- **Debes llevar algo que se convierta en tu sello:** Esto te hará inolvidable e imborrable en el radar mental de cada persona que conozcas. Puede que olviden mi nombre, pero jamás mis lentes, mi traje o los brazaletes que llevo puesto.
- **Juzgamos antes de abrir la boca:** No juzgamos al criticar al otro, juzgamos al pensar, analizar, o detectar algo fuera de lo común del otro. Eso me lleva a mi siguiente lección.
- **Tu vestimenta te hará distinguir:** Por mal o por bien, nuestra manera de vestir nos hace distinguir. Se trata de la forma que luces lo que llevas puesto, no la ropa. Carolina Herrera se hizo distinguir a nivel mundial por su camisa blanca de seda. Punto. Ella supo persuadir a millones

de mujeres en el mundo que, para ser memorables en cualquier evento, debían tener una camisa blanca CH en su closet. Ninguna logrará lucir la camisa blanca de Carolina Herrera. No por flaca, gorda, alta, baja, pobre, rica, maleducada, o refinada. Simplemente la forma que Carolina luce su camisa blanca es lo que vende. Lo mismo pasa contigo. Busca algo que te distinga, no por lo caro o extravagante; sino por la comodidad que sientas al usarlo.

- **La gente siempre tiene una idea equivocada de quién eres:** Se nos va la vida preocupándonos en causar la mejor impresión en los demás. ¿Para qué? Al final te va a tocar llegar a una sala llena de personas desconocidas como a mí y terminarán haciéndose mentes, imaginándose que eres algo que no eres, opinando de tu clase social por cómo vas vestido, adivinando tu edad, y hasta pensando con quien te acuestas. Así que para de preocuparte por dejar huella. Si eres de esos que se las pasa imaginándose la vida de otros, no gastes más tu tiempo y ve hacia esa persona, conócela, preséntate y sal de dudas. Si eres al que critican, opinan, y le ponen etiquetas, no te preocupes más por dejar huella. En la vida he aprendido a que todo se mueve. Todo lo que tiene ritmo, se mueve. Todo lo que suena, lo sientes. Así seas invalido, tu corazón bombea. Así estes ciego, tus oídos sienten. La tierra se mueve, el tiempo se mueve, el sonido se mueve, el huracán se mueve, el agua se mueve, la sangre se mueve. Tu no debes ser la excepción. No dejes que las ideas de otros te detengan. Menea tus ideas para que logres mover a la gente con tu manera de ser.

¿POR QUÉ LA POLÍTICA?

Fácil, porque nos domina. Nuestros padres nos dominan de cierta manera, el amor también nos lleva a esa zona, y las teorías conspirativas nos causan esa sensación de duda entre la realidad y el dominio de la duda inexistente. Lo mismo pasa con la política y el poder. Ambos son los padres del dominio colectivo. Nosotros somos sus discípulos. Somos nosotros los que otorgamos poder y elegimos a quienes nos dominarán. Sin embargo, en los países democráticos, podemos quitarles el poder y bajarlos del pedestal. Unas de las cosas más hermosas de la democracia es que el pueblo sea el empleador de sus servidores públicos. Lamentablemente, en países como el mío, Venezuela, eso ya es algo inverosímil.

Siempre he dicho que el poder y la política son los padres del dominio colectivo porque las únicas personas que dominan controlan, nos salvan, cambian y aconsejan de manera permanente son nuestros padres. Así es el poder, no puede haber sociedad alguna sin poder. No puede haber sociedad alguna sin políticos y sin aquellos que les otorguen el poder para dominarnos con sus políticas, y no puede haber un hijo sin de manera voluntaria o involuntaria reflejar los genes de quienes lo engendraron. Mi caso no fue la excepción. La política ha dominado mi vida, le ha dado una vuelta entera a mi futuro y ha sido la responsable de muchas cosas. De perder mi infancia, empezar de nuevo en un país desconocido, y también de sacarme a patadas de mi país y lanzarme en un país democrático y libre donde puedo expresar lo que siento sin miedo a ser juzgado, violentado, secuestrado o asesinado. Aunque en mi vida siempre estuvo la política, yo decidí crear mi futuro en torno a ella, me enamoré de ella. Este amor entre la política y yo es como el síndrome de Estocolmo, cuando la víctima se enamora del abusador. Así empezó todo: con rebeldía, persuasión y retando el comportamiento humano. Todo empezó cuando tenía diez años de edad.

En el 2012 pasaron muchas cosas. Fue un año donde el mundo me dio varias bofetadas de realidad, con crueldad. A los diez años de edad, a mitad de mi vida, empecé a darme cuenta de las imperfecciones del ser humano: entre esas cosas, descubrí que nuestro principal gobernante, que nos tortura a diario, paraliza, distancia y divide son los estereotipos y las ideologías baratas. Aparte del prejuicio, un país se convierte en racista, xenófobo y homófobo por ser un pueblo creyente en el qué dirán, donde no hay administración de poder, porque a cualquiera se lo damos y en cualquiera creemos. Un país donde se ven las noticias por grupos de WhatsApp y no por los medios tradicionales. Un país donde se confía más en las ideologías del vecino que en la lógica y la ciencia. Y para la muestra un botón, Venezuela fue uno de los países en el mundo que más creyeron, advirtieron y hasta despedidas hicieron sobre el supuesto fin del mundo en el 2012, según la creencia Maya. Es un país que se ahoga en la superstición, y se aleja cada vez más de los principios de Dios. Esa ignorancia, que era voluntaria y colectiva, me desesperaba verla. ¿Y quién fomenta eso? Una división política, allí estaba la política de nuevo.

Seguía yo con diez años. Y la injusticia me revolvía la sangre. La injusticia me llevaba a cuestionarme, y mis preguntas me llevaron a tomar acción. A persuadir a mis padres para que me sacaran del país más hermoso del mundo, pero cuyos habitantes estaban siendo adoctrinados por el fanatismo, la desinformación, el prejuicio, las etiquetas y el chisme que se convertía en noticia. El niño de diez años se preguntaba: *¿por qué tengo que comer apurado en un restaurante por miedo a que nos roben?, ¿Por qué los de diferentes partidos políticos no pueden vivir sin caerse a golpes o insultarse?, ¿por qué existen los secuestros express por lucha de poderes familiares?, ¿por qué tengo que pensar diez veces lo que diré para no correr el riesgo de estar preso o muerto por mi manera de pensar?, ¿por qué tengo prohibido cuestionar* *a mis gobernantes?, ¿por qué no puedo salir hasta la madrugada sin miedo a que sea la última vez?, ¿por qué me tengo que llevar dos pastas de dientes y no las que me dé la gana?, ¿Quién carajos se merece vivir en una celda de cemento y aun así, rendirnos ante los políticos, usar la palabra apolítico como forma de vida, mientras los corruptos se quedan con nuestro pan de cada día?"*

Nadie se lo merece, pero no puedo hablar por ti. Por eso, decidí irme. Después de presenciar robos, secuestros, y violaciones de derechos humanos y ver la flojera colectiva, era como batallar solo contra un huracán. Por eso mi apuesta siempre a los jóvenes, ellos fueron los que se rebelaron ante el régimen. Jamás diré que perdí mi país, que soy ciudadano del mundo, o que mi país no sirve. Tú y yo somos embajadores de nuestro país. No solo los diplomáticos lo son. Tu representas tu país al igual que yo. No dejes que una red de gobernantes te robe tu identidad.

Después de mi mamá ser robada y violentada más de ocho veces por miembros del régimen de Chávez, decidí ser su despertador y presionarla en huir del país, conmigo. La persuasión empezó desde allí, pero yo no lo sabía que tal comportamiento era persuasión pura. Cuando cumplí catorce años le dije que quería como regalo irme del país. Al empezar el año escolar, le decía todos los días como se iba la luz en el colegio, las huelgas de profesores porque no les aumentaban el salario, y mis compañeros cada vez perdían la esperanza de estudiar y se la pasaban en la calle. También durante ese año llamaron a mi mamá una docena de veces porque me *"portaba mal"*. En un país como Venezuela, portarse mal para ellos era que un piojo de catorce años estaba cuestionando los treinta años de carrera de un profesor de lenguaje y literatura. Otro instinto despertó en mi a través del caos político: la habilidad de cuestionar todo para llegar al fin o verdad de las cosas. Después de una protesta inteligente en contra del gobierno hacia mi familia, la persuasión y rebeldía funcionaron para salir del país un 26 de octubre del 2016, seis años atrás a la escritura de este libro. Aunque desconocía por completo el uso de la persuasión por regímenes dictatoriales para doblegar a un pueblo, siempre fui consciente de que no había más nada poderoso que un mensaje con intensidad y propósito claro. Decidí no solo escribir un libro entero sobre esto, decidí vivirlo como estilo de vida al adentrarme en la política a mis casi dieseis años de edad.

DE MCDONALD'S A LA CÁMARA DE REPRESENTANTES DE FLORIDA

El despertar de mi conciencia y formación de mi disciplina empezó en un McDonald's. ¿Quién diría que mi primer trabajo sería una empresa privada y me terminaría enamorando del sector público? En McDonald's viví mi juventud, maduré y crecí.

Un lugar nada amigable para crecer cuando tienes quince años y estas en plena adolescencia. Mi adolescencia se fue friendo papas fritas, aprendiendo ingles memorizándome los combos de hamburguesas, barriendo los pasillos, cargando cajas de basura, haciendo hamburguesas, preparando batidos y postres, tomando órdenes y cerramdo la tienda hasta apagar aquella amarilla M que es imborrable de nuestra memoria. Mi adolescencia no consistió en ir a fiestas, quedarme en casa de amigos, practicar un deporte, o jugar videojuegos hasta quedarme dormido. Y no me arrepiento de eso. Al contrario, doy gracias a la vida por darme esos obstáculos, por despertarme a temprana edad. Eso hace la inmigración, te despierta o te tumba. Todo está en ti.

No había plan B, siempre fui consistente con mi plan A porque mi plan consistía en una sola meta: adentrarme en la política estadounidense. Aprendí que la vida consiste en reconocer lo que te falta, regular aquello que te sobra, reconocer nuestras debilidades, marcar metas a corto plazo, para así lograr la meta final. No todos nacimos al mismo tiempo, las guerras no empiezan con el impacto más letal, el fútbol no se termina cuando el primer equipo apunte un gol. No estamos apurados, nunca lo hemos estado. Sin embargo, hay un reloj que nos atormenta la vida mientras vamos creciendo: el reloj biológico. La persuasión nos ayuda a no hacerle caso a ese reloj que nos hace crear atajos que cada día nos alejan de nuestro plan A. Por ejemplo, una amiga llamada Daniela sabía que su propósito era comunicar. Le comenté que aquel que no tenga como propósito comunicar un mensaje, está destinado a ser parte del menú, no un comensal. Daniela entendió el mensaje, pero ya llegaba a sus 42 años.

Por desesperación, decidió trabajar en una factoría porque necesitaba el dinero para su hijo ir a la universidad. Daniela se desvió de su propósito por una "necesidad". Y no, no había necesidad de dejar su propósito, jamás habrá una excusa que justifique el por qué debes abandonar tu propósito. Daniela pudo haberse conseguido un trabajo como representante de ventas, crearse una cuenta en todas las plataformas digitales, subir videos semanales hasta monetizar, ser mesera y comunicarse con personas de distintas partes del mundo; hasta trabajar en McDonald's era una opción. ¿Por qué Daniela no lo hizo? Por desesperación de su reloj biológico. Cuando nos desesperamos, perdemos la visión, y sin visión no podemos armar la pieza fundamental de cualquier proyecto, y sobre todo la de cualquier líder: armar una estrategia.

Decidí no jugar videojuegos, fumar marihuana, consumir alcohol hasta perder la conciencia, perrear, e ir a fiestas. Al contrario que Daniela, yo decidí armar una estrategia. Una estrategia que sabía no era perfecta, pero que si tenía algo claro: un mensaje, propósito, convicción y plan de acción. La estrategia había comenzado desde que por primera vez me subestimaron en McDonald's al decirme que era muy niño para ser supervisor de una tienda o dictar órdenes. Mientras tomaba ordenes en McDonald's pulía mi inglés, mostraba liderazgo al resolver problemas con órdenes, de caja, o facilitando atención al cliente de manera efectiva. Eso era pura estrategia. Si quieres posicionarte en una empresa, tu estrategia debe consistir en identificar las debilidades de tu competencia, encontrar tu autenticidad como empleado, y hacer todo lo que te propongas con un sello diferenciador. En ocho meses fui supervisor de los empleados jóvenes y de la cocina, estrategia cumplida. Ser imprescindible en un lugar donde subestimaban mi talento por mi edad. Convertí mi rareza en mi habilidad, en algo que venda y atraiga.

Después de trabajar en unas de las empresas más grandes y competitivas del mundo, ser subestimado, no tener dinero ni para pagar mi teléfono algunas veces, desconocer el idioma y su sistema educativo logro entrar a la maquinaria más grande de cualquier país. Lo que nos mueve, nos forma y domina día y noche: la política. De nuevo, bajo una estrategia.

Mi inicio en la política se lo debo a esa primera persona que confió en mi cuando yo desconocía la mayoría del sistema político en el país, no tenía un resumen curricular, nadie que me recomendara, ni algo que validara mi conocimiento en política. Pero, tenía dos comodines que siempre me han salvado de cualquier aprieto: mi historia y buenas calificaciones. Mónica Lambis, en aquel momento la jefa de campaña para la excongresista demócrata colombo-americana, Cindy Polo, se convertiría en aquella persona que me daría el SI a la política. Nos conocimos por redes sociales, hasta dar con su correo. Recuerda, tenía mi plan A, y eso consistía en seguir en redes a todo aquel que estaba activo en la política local. Mónica era una de ellas. Recuerdo como mis manos sudaban, temblaba todo mi cuerpo, se resecaban mis labios, y mi cerebro no procesaba nada. Ni las palabras que diría y como logré una entrevista con la jefe de campaña de una congresista. En ese momento aún no tenía un lugar fijo donde vivir, deambulaba de casa en casa porque no tenía la estabilidad para pagar un alquiler y el único lugar que era mi templo fue mi colegio. No tenía carro, no podía ir a un lugar lejano. Mónica me dice:

- Luis, nos veremos en Kendall. Te veo allí a las 3:00 P.M.

Empecé a temblar aún más. Esa zona quedaba a casi cuarenta y cinco minutos de mi colegio, era imposible llegar a tiempo allí en bus. Las hamburguesas me esperaban a las 03:30 P.M. para cocinarlas. Tenía que ser fiel a mi realidad, no aparentar una realidad inexistente y decirle que no tenía carro, que podía verla en una heladería por Hialeah Gardens —la heladería donde trabajaba mi mejor amiga, al lado del colegio—. Tenía un propósito. Demostrar que a pesar de que no tenía un resumen curricular, no pude reunirme en su oficina, no era el candidato ideal, tenía dos cosas: el hambre por ser un líder político y el respeto de la comunidad. No existe político sin esas dos cartas bajo la manga. Yo las tenía. El hambre de querer saber más y el respeto de la comunidad estaba reflejado en mi mejor amiga el cual le dijo que no debía pagar los helados porque venía conmigo. Allí estaba el respeto y el día a día de alguien con influencia y poder. Estrategia, de nuevo.

Logré posicionarme como pasante de la campaña bajo el departamento de comunicaciones. Ella también vio mi capacidad de influir a potenciales votantes a través de mis técnicas persuasivas. Sin pensarlo, ese día fue el último entre las regulares hamburguesas y yo. Era un adiós permanente, pero melancólico. McDonald's me dio la primera oportunidad de trabajar en Estados Unidos, aprender el idioma, ser independiente, darme cuenta del valor del dinero, aprender a lidiar con diferentes personalidades y ser diplomático o tajante con los clientes cuando sea necesario. McDonald's siempre será mi origen y jamás podemos negar, rechazar, u olvidar a aquella persona o lugar que te abrió las puertas para crecer. La política me saludaba por primera vez en los Estados Unidos a principios del 2019. El origen de un nuevo año y también de una manera distinta de ver la vida, como político.

Empecé el año con una emoción incalculable. Luego de seis meses de aprender día a día de la mano de Mónica sobre como influir en la política local, aprendí una lección de vida imborrable en este medio. Tu trabajo jamás es garantizado. La política es el único rubro profesional donde los que deciden si cobras la próxima quincena o no son los electores, no tu jefe. Allí está el poder del voto. Los ciudadanos de un país son los jefes de cada congresista, y a cambio, el servidor público vive de los impuestos de dichos ciudadanos—sus votantes—. Ese comienzo fue una cachetada a la realidad para aprender que la política es como el circulo de la vida: todo lo que sube vuelve a bajar y no podemos conformarnos con nada.

Al perder el empleo tomé la decisión de abandonar un poco la trayectoria política. Aprendí que la política es mejor por temporadas que estar siempre en la luz o en el ojo del huracán. Una de las mejores estrategias en la política es saber reconocer los tiempos correctos para estar en ella bajo la presencia correcta y bajo las estrategias correctas. Es por eso que cuando perdí mi empleo supe que era momento de apartarme un poco de ella y así aprender a reconstruirme. Esto me ayudaría eventualmente a llegar a un lugar más alto de lo que me hubiese imaginado. Duré más de seis meses estudiando el poder legislativo y su importancia, como así también el congreso, la cámara alta, el senado, la cámara de representantes, los comités y cómo una propuesta se convierte en ley. Todas esas cosas que para la mitad de la población Americana también son desconocidas.

En ese periodo de tiempo me pude dar cuenta que la política es algo que muchos temen, o les aborrecen. Como inmigrante de este país yo deseaba saberlo todo. No quería ser esa persona que no sabía cómo declarar impuestos, o poder correr una organización sin fines de lucro porque no conocía los procesos, o no poder crear mi propia empresa en el futuro por ignorancia. Aprendí que hasta para quejarnos del tiempo que se tarda un semáforo para cambiar, había que saber hablar con los congresistas. Todo envuelve la política y el no tener conocimiento nos convierte en víctimas. Si no dominamos nosotros la política, ella nos termina dominando.

Pasé años estudiando los tres poderes principales: el ejecutivo, el judicial y el legislativo. Deseaba trabajar tanto en el judicial como en el legislativo pero no se podía lograr al momento ya que requería ir paso por paso.

Tomé la decisión de hablar con la principal de la secundaria para informarle que estaba buscando algo dentro del gobierno, de la legislatura, y la política local por mencionar algunas. Eso me llevó a poder ser parte de la iniciativa de *"When We All Vote"*, una fundación no partidista fundada por Michelle Obama el cual se encargaba en ayudar a los estudiantes ciudadanos estadounidenses con 18 años o más a votar y tomar acción durante la contienda presidencial entre los candidatos en aquel momento, Donald Trump y Joe Biden. Esa era una de las elecciones más importantes de la era moderna. Eran dos candidatos extremos. La idea principal era motivar a los estudiantes que salieran a votar. Lo trascendental de mi participación era que no era ciudadano estadounidense—y sigo sin serlo—pero tenía más conocimiento que ellos. Un latino, inmigrante, bilingüe les estaba diciendo y enseñando cómo votar. Esto incluía hablarles de las causas más importantes. Esa experiencia despertó una pasión de educación en mi porque en realidad hablamos mucho de la debilidad en la democracia, pero la más impactante es la falta de educación cívica. A veces hay un exceso de recursos y el estudiante no sabe por dónde entrar al sistema político porque es complicado.

Muchas veces han pensado que los jóvenes no tienen voz dentro del poder legislativo, solamente aquellos que llevan años envueltos en la política. Después de trabajar bajo el liderazgo de Michelle Obama hasta el final de las elecciones, mi equipo de activistas estudiantes logró incrementar la participación de votantes del estado de la Florida, por un 30%. Una vez graduado de la secundaria como cumlaude, decidí continuar a estudiar dos licenciaturas en Ciencias Políticas y Administración Públicas, incluyendo certificados adicionales. Siempre he estado envuelto en diversas organizaciones de derechos humanos e impacto comunitario hasta que llegó mi partida hacia Washington. Todo comenzó siendo el recepcionista en uno de los edificios de mi universidad y una llamada para decirme que existía una gran oportunidad para mí y que podía aplicar para un programa donde podría estar un semestre en Washington representando a la universidad. Allí comenzó mi jornada en Washington, DC hasta el día de hoy que continúo realizando proyectos gubernamentales e incidencia política en decenas de *think tanks* [42] e instituciones gubernamentales. A los 19 años llegué al Capitolio liderando iniciativas que impulsasen la educación cívica a nivel federal, haciendo incidencia específicamente para la aprobación de la propuesta de ley H.R.1814 Civics Secures Democracy Act [43]

---

[42] Laboratorio de ideas, instituto de investigación o gabinete estratégico cuya función es la reflexión intelectual sobre asuntos de política social, estrategia política, economía, militar, tecnología o cultura.

[43] Ley de Cívica que Asegura la Democracia, traducido al español

LA MAQUINARIA PERSUASIVA EN LA POLÍTICA

La persuasión tiene un espacio gigante y super exclusivo en la política de cualquier país. Estados Unidos vuelve a resaltar políticamente debido al valor que les da a sus persuasores. Incluso, hay una profesión exclusivamente dedicada a todo aquél que se dedique a persuadir a sus legisladores y las organizaciones sin fines de lucro o consultorías políticas fichan a dichos persuasores como si fueran jugadores de futbol. Al igual que un partido de fútbol, los equipos Un rubro profesional en el país que invierte más de $5 billones de dólares: el cabildeo.

La incidencia política *(advocacy)* y el cabildeo político *(lobby)* aunque suelen utilizarse como sinónimos para referirse a un llamado de acción político, ambos tienen un significado completamente distinto. La incidencia política es el término en el que se engloba aquella acción destinada a influir en actuaciones, posiciones o decisiones públicas, privadas y particulares con el objetivo de conseguir un cambio social en particular. La incidencia es la pecera. Es el campo de batalla, es lo que mantiene a los políticos vivos y en constante debate. La incidencia política siempre tendrá como finalidad definir la balanza de un lado o del otro. La incidencia es cambiar una ley en particular por lo que debería ser, es decir, mejorar una propuesta ya planteada ya sea por un interés colectivo o individual.

La diferencia entre la incidencia y el cabildeo es su punto de alcance y nicho. La incidencia es un término general que de por sí tiene varias ramas de efectividad. La incidencia no se refiere a hacer cabildeo político. Al igual que cuando construyes una casa, el piso no es lo mismo que el techo. Sin embargo, no pueden vivir una sin la otra. Al igual que la casa, no puede haber casa sin techo, ni casa sin piso. La incidencia es la base de todo y también envuelve otros tipos de incidencias, aparte del cabildeo. Uno de ellos es el activismo, el cual consiste en realizar esfuerzos deliberados para promover o impedir cambios sociales, políticos, económicos y ambientales. Por otro lado, existe la incidencia informal, en inglés *grassroots,* cuyo objetivo es reunir a un grupo de organizaciones, activistas, e individuos que compartan una misma causa que promuevan un activismo informal efectivo. Las protestas, marchas, veladas, movimientos sociales y las visitas a edificios gubernamentales son ejemplos de un activismo informal, aquél que no tiene como objetivo cambiar la estructura legal o legislativa del estado, pero de causar un impacto social donde los ciudadanos puedan unirse por un cambio colectivo. Este tipo de activismo es más accesible para el ciudadano y el más amenazante para los políticos. No hay nada más desesperante para un político que ver como sus mismos aliados se avalancha en contra de sus creencias o agenda política.

En otras palabras, la incidencia política es ese actor sociopolítico que se encarga de buscar a personajes que persuadan, influyan, y causen un cambio en los poderes e instituciones jurídicas de cualquier país con la finalidad de conseguir un cambio que beneficie al ciudadano de calle, esa es su razón de ser. La pecera, como ya te había dicho, es la incidencia política. Los peces, son los cabilderos políticos (en inglés, *lobbyists)*.

EL MARKETING POLÍTICO

Sería un fiasco de mi parte hablarte sobre la importancia del marketing en la política sin hacer referencia de uno de sus pilares: el astroturfing. El nombre no proviene de los astros, tampoco es una mezcla de trufas; proviene de la compañía estadounidense de césped artificial *"Astroturf"*. El marketing político tampoco se trata de sembrar frutas o crear víveres artificiales; se trata de sembrar emociones en un campo que parece ser natural que haya emociones cuando en realidad abunda el pragmatismo. El marketing político se trata de crear metáforas donde no las hay, emociones que a simple vista no se sienten, exponer lo negativo de tu oponente y dejar mensajes claros y contundentes que capten la atención del votante independiente o aquel que vota dependiendo del candidato y no basado en afiliaciones políticas. Esto es lo que considero el *reputation wash*[44] de los políticos. Los que no

---

[44] Lavado de reputación, en español.

están en este mundo van al psicólogo para arreglar sus problemas personales. Los políticos no. Ellos acuden a consultores políticos. Un consultor estudia su vida privada, etc.

Un experto en marketing o consultoría política es el cura, brujo, y psicólogo de todo político. Por ejemplo, un político empieza contándole a su consultor las disfunciones familiares, delitos cometidos por familiares, corrupción, y lo peor que pueda la prensa o el oponente resaltar sobre el político en cuestión. A esta fase le llamo el laboratorio de ideas. La consultora política Gisela Rubach, considerada la mejor consultora política de América Latina, resalta que, así como los políticos necesitan a sus votantes para ganar, ellos necesitan un consultor político para deliberar el mensaje correcto. Gisela ha dedicado más de tres décadas a estudiar la mente del electorado y sus candidatos. Ha sido consultora de más de 300 campañas políticas y veinte gobiernos alrededor de México y América Latina. En su práctica menciona que lo más importante en el marketing político es estudiar que quiere el electorado. Si apostamos a los jóvenes, ¿qué le vendemos? Aparte de alcohol, condones y educación debemos ofrecerles algo que los mantenga vivos: esperanza. No hay nada más persuasivo que sembrar la esperanza de que todo será mejor que como era antes. O incluso, sembrar la fe de que este líder era el que necesitaba nuestro país para entrar en una etapa de innovación y cambio. Que lo diga el asesor político de Trump, el diseñador de un slogan de campaña totalmente persuasivo: "Hacer que Estados Unidos vuelva a ser grande", en inglés *"Make America Great Again"*. También lo puede decir José Gaviria, asesor político del expresidente de Colombia Albaro Uribe Vélez, el cual desarrolló el termino político de campaña permanente[45], transformando su imagen de un candidato inesperado, oportunista y con mala oratoria a un hábil orador, experto en el dominio del lenguaje corporal y con un aparente contacto "cercano" con el pueblo colombiano. Sin duda, los consultores políticos son como los zares de belleza. Su bisturí es identificar errores, estudiar vidas tanto del cliente como su contrincante, y todo a través de operaciones minuciosas. Donde una mal hecha, puede dejar igual o peores lesiones que la de un bisturí.

Después del consultor hacer su papel de abogado, psicólogo y detective privado al escuchar las victorias, derrotas y secretos de un candidato, su papel de analista, sociólogo y persuasión extrema entra en acción. A esta etapa le llamo, la creación del sedante social. El sedante social es la construcción de diferentes narrativas que no

---

[45] Los consultores políticos se refieren a este término cuando un político usa la comunicación electoral, como aquella para conseguir el poder. La comunicación de gobierno, para la gestión diaria. La comunicación de oposición, para recuperar u obtener el poder por primera vez. La primera vez que se utilizó esta estrategia fue durante la campaña del presidente estadounidense, Jimmy Carter.

solo tratan de borrar el hecho de corrupción, sino de justificarlo. El libro titulado *"Mintiendo en la Política"* por la politóloga americana, Hannah Arendt, revela en sus investigaciones que la mentira siempre será moralmente incorrecta pero políticamente justificable. No hay sedantes que duerman, distraigan, y droguen más a una población que la justificación de hechos a través de mentiras o creaciones de diferentes raíces de opinión—una manera de fomentar desinformación—para llegar a un objetivo claro: justificar hechos o borrarlos del todo, a través de opiniones creadas y manipuladas.

El transporte para desvirtuar información son las redes sociales y el mecanismo que utilizan los consultores políticos es el astroturfing. Hay múltiples formas de llevar a cabo el astroturfing. Por lo general, las más comunes suelen consistir en creación de perfiles falsos en redes sociales y comunidades online para apoyar a la marca y atacar a la rival. Otro ejemplo muy recurrente es el de la falsa cooperación entre personas con la marca, a los que previamente se les ha pagado. Este mecanismo político es el mejor aliado para desviar la atención del votante e incluso involucrar a *bots* para afectar o desvirtuar el sistema electoral de un país. Otro ejemplo muy recurrente es el de la falsa cooperación entre personas con la marca, a los que previamente se les ha pagado. Una investigación por la organización Freedom House ha revelado que la manipulación y desinformación cumplieron un papel fundamental en las pasadas elecciones presidenciales 2016 en Estados Unidos. Rusia, aparentemente, se sirvió de distintas redes sociales para difundir noticias y anuncios publicitarios falsos que afectarían la campaña. Según el propio Facebook, los anuncios rusos tuvieron una audiencia de nada menos que 126 millones de estadounidenses. Freedom House también señala que encontró que, de los sesenta y cinco evaluados, al menos treinta países cuentan con «bots» dedicados a apoyar ideas del gobierno, desviar la discusión hacia determinado tema o atacar a opositores. En estos países se encontró evidencia de que el gobierno emplea a personas o contratistas para manipular las discusiones online sin hacer explícita la conexión con el gobierno. La información ha sido obtenida a través de periodismo investigativo, documentos filtrados del gobierno e investigación académica. Esta situación es grave ya que el astroturfing político claramente afecta la libertad de expresión e información a través de los medios online, y sus técnicas se están haciendo cada vez más extendidas y sofisticadas. A diferencia de la censura directa, el astroturfing político es mucho más difícil de detectar y combatir, debido a su naturaleza dispersa.

Esto alimenta a regímenes dictatoriales como el de Nicolas Maduro en Venezuela. El cuál se ha probado la infiltración de compañías rusas para emplear bots o seguidores fantasmas y así amplificar el mensaje de una Venezuela estable, arreglada, y sin problemas lo cual es totalmente falso. El objetivo del astroturfing es dar una imagen de naturalidad y espontaneidad de los temas abordados: supuestas personas lanzan mensajes e ideas aparentemente espontáneos en un breve espacio de tiempo. Otro ejemplo claro sucedió durante la pandemia mundial del siglo, el coronavirus. El que le abrió las puertas al astroturfing aparte del internet, fue Twitter. En países como México, se crearon más de 738 hashtags (#) en la red social Twitter para distorsionar las cifras de fallecidos a raíz de la pandemia, culpar a partidos políticos por dicha pandemia y ordenar propagandas y campañas mediáticas para desinformar al ciudadano y llenarlo de odio con la intención de distorsionar los posibles resultados de las elecciones que venían en camino. La intención del astroturfing es crear polarización y división. En sí, la persuasión puede jugar un papel importante para abordar el tema de la manipulación en las redes sociales: un persuasor puede engañar a una audiencia y cuando esto sucede, la audiencia será manipulada de manera inconsciente con la propaganda proporcionada por el persuasor. Indudablemente, la participación política a través de Twitter generalmente se logra a través de sentimientos negativos hacia los actores políticos. Twitter ha sido una aplicación reconocida por permitir el diálogo abierto y orgánico entre políticos y usuarios. Twitter se usa principalmente para debatir y difundir información a través de una función de *retweet* bien coordinada y algunos estudios han intentado evaluar su impacto en la manipulación, la disrupción y la influencia de dicha función. El retweet, o también considerado en español como apoyo artificial, se usa con frecuencia para amplificar un mensaje político y, en algunos casos, se encuentra un comportamiento similar al de un bot en las salas de retweet organizadas. Estudios por la Universidad de Stanford y Yale han demostrado que existen bots programados para inundar la línea de tiempo de Twitter con hashtags no relacionados, pero con contenido relacionado *(filtro de humo)* para desviar la atención de los usuarios de un tema actual *(desorientación)*. Es por esta razón que países como España y Bélgica prohíben rotundamente el uso de astroturfing en sus campañas políticas.

Por otro lado, las corporaciones privadas también han usado de manera irresponsable las redes sociales para crear campañas de ventas falsas y atraer clientes. Uno de los astrosurfing más icónicos de la historia se lo llevó McDonald's al convertirse en la empresa multinacional más conocida del mundo en pagarle a personas para que hicieran cola en sus restaurantes en el lanzamiento de una nueva hamburguesa en Japón. También, la empresa de smartphones Samsung fue multada con $340,000 en Taiwán por la publicación de numerosos comentarios y *revisiones* falsas con el objetivo de promocionar sus productos y atacar a la competencia,

Apple. Ya que menciono smartphones, la compañía telefónica trasnacional conocida como Movistar creó perfiles falsos en la red social Twitter para defenderse de una lluvia de acusaciones que surgió cuando realizaron una serie de despidos improcedentes.

Indudablemente, el astrosurfing es el pilar desconocido utilizado por consultores políticos que engloba la misión del marketing político en el mundo: causar sensaciones, crear emociones y tergiversar hechos con tal de ganar votos y generar una polémica mediática. En sí, el astrosurfing se fundamenta en tres bases:

Fase de distribución: La estrategia se inicia con cuentas gestionadas por personas reales –que aparentan ser amas de casa, deportistas o gente de su ciudad, sin aparente conexión entre sí–, contratadas para emitir varios mensajes sobre un mismo tema en un breve espacio de tiempo.

Fase de amplificación: Más tarde, se amplifican las repercusiones de los mensajes, interpelando a medios o periodistas, aunque sean de desinformación.

Fase de inundación: Si el paso anterior tiene éxito, se lanzarán multitud de mensajes de apoyo con ayuda de bots automatizados en determinados momentos del día. Esta fase suele coincidir con las horas de las comidas, y puede haber varias acciones sucesivas en función de su alcance.

El marketing político también se fundamenta en tres requisitos claves: el estudio del candidato, el laboratorio de ideas y la creación del sedante social. Para llegar allí necesitas preguntas sencillas que te lleven a respuestas concretas.

CREA TU CAMPAÑA PREGUNTÁNDOTE

1. ¿Qué quieren?

2. ¿Qué creen?

3. ¿Qué sueñan?

4. ¿Qué necesitan?

5. ¿Qué le molesta a mi contrincante?

6. ¿Qué debilita a mi contrincante?

7. ¿Somos nosotros culpables de algo? ¿Sembramos culpa?

8. Por último, ¿qué les gusta escuchar?, ¿qué necesitan escuchar?

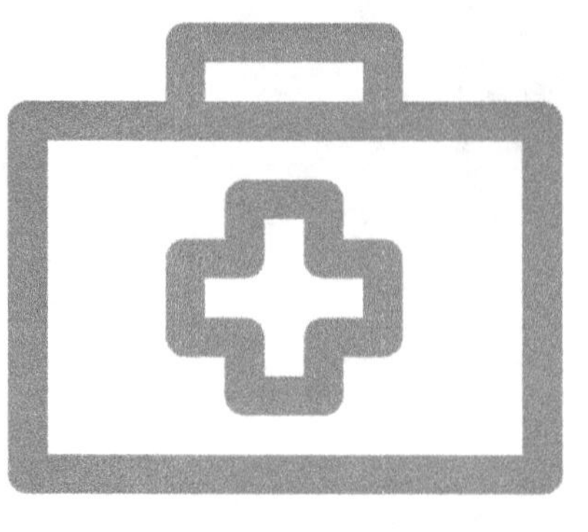

KIT DE EMERGENCIA

1. **Para hacer incidencia política, necesitas:**

   a. Un *ask,* una petición o propuesta especifica. Lo que llamamos "la receta". Al igual que la gastronomía, hacer política es causar cambios sociales conociendo la idea que quieres transformar lo más detallada posible. Paso por paso.

2. **Incluye a tus enemigos en tu plan de acción, o hazles creer eso:** La política se trata de persuadir a otros a que crean en tu agenda política. Hacerlos parte del juego. De transmitir emociones, no dejarte llevar por ellas.

3. **Fíate de un consultor político, el ingrediente clave en tu receta:** Si quieres ser político y no sabes por dónde empezar, ve a un consultor político. No pierdas el tiempo con un psicólogo o psicopedagogo.

4. **Ten en mente que la política, el poder y la persuasión existen por una razón:** Todos buscamos y necesitamos *algo* en que creer. Ese *algo* es una ideología, religión, partido político, equipo de futbol, azul o rojo, blanco o negro, Madrid o Barcelona y pare de contar.

5. **Necesitas una lupa y ojos biónicos:** La política tiene dos factores fundamentales: comunicación e identificación de problemas. Es indispensable comunicar bien y a tiempo los problemas que se nos enfrentan como país. Esa actitud te hace liderar cualquier encuesta, al electorado le gusta saberlo todo. El morbo vende, y más la polémica. Tus ojos biónicos serán aquellos que se conviertan en parte de tu equipo, serán aquellos que verán con objetividad eso que tú no puedes ver mientras abogas por un problema en particular.

   a. Al igual que hay dos tipos de políticos: el topo y el mensajero. El topo es el más peligroso. Es ese que huye de los medios, no da de que hablar y en el entretiempo se va adentrando en los poderes del legislativo, así sigiloso, a punta de reuniones, happy hours, cafés y charlas. Por otro lado, el mensajero es aquel que le encanta estar en un prime time para hablar lo que hará, que nunca hace por estar hablando y no actuando, o explicar con orgullo que ha "hecho", dándose crédito a lo descarado, cuando su gabinete está trabajando ochenta horas a la semana para que él pueda rendir cuentas a CNN o Fox News a cada hora. ¿Cuál quieres ser? Yo, una mezcla de ambos.

"En la política todo es radical.

Lo admirable es encontrar un punto común, unir ideologías,

aunque distantes, lograr que un pueblo se una, por el

bien común.

Eso hacen los presidentes, unificar miles de puntos de vista por

un bien común. Lástima que esa sea solo la definición, porque

en la actualidad muy pocos presidentes siguen la definición.

Muchos son presiden, olvidándose y hasta violando los entes de

un país. Si, a los entes gubernamentales y a su gente"

Luis Moros

La mente es un músculo

La lengua una tentación

La palabra un tren de emociones

La persuasión es todas las anteriores.

AGRADECIMIENTOS

Este libro fuese polvo sin la confianza, apoyo, soporte, amor, y comprensión de tantísimas personas que han sido parte de esta aventura de desmantelar la connotación negativa que millones de personas suelen tener con la persuasión. Gracias a mi equipo por creer en mí—incluso más de lo que creía sobre mí—. Ellos se merecen el mundo: Jesús Herrera, quien ha estado trabajando conmigo por más de 3 años. Juan Alejandro Mattiguan como mi asistente de redacción en prensa y asuntos público. Taj Mahal Genavi por girarme periodísticamente en mi país natal siempre con su energía contagiable, y a Fabricio Abreu por la construcción y diseño de mi marca personal. Su minimalismo a la hora de catapultar marcas es tan preciso como un bisturí.

También, gracias a las marcas, empresas, negocios, influencers, y medios noticiosos por confiar en este mensaje e invertir en este proyecto para llevarlo con ustedes alrededor del mundo.

Por último, gracias a mis ángeles de la guardia en este país: Mi madre que nunca será suficiente cuantas veces le agradezca, Daisy Petit, mi tía putativa y Laura Moro, mi abuela putativa.

ACERCA DEL AUTOR

Luis Franco Moros Fernández a sus 20 años de edad es analista político, escritor, actor, filántropo y conferencista venezolano. Ha encabezado numerosas entrevistas en medios nacionales e internacionales y ha sido orador en conferencias alrededor de Estados Unidos. Su versatilidad en televisión y sello diferenciador lo ha catapultado como el joven Generación Z analista político con ideología bipartidista más joven en medios hispanos.

A sus 16 años empezó su activismo político en la Cámara de Representantes del estado de la Florida. A sus 18 años trabajó de la mano con quien fue la primera dama, Michelle Obama, resaltando la importancia de ser ciudadanos activos a través del voto. A sus 19 años, aseguró su puesto como pasante en el Congreso de los Estados Unidos en Washington D.C. Con su bagaje político ha logrado entablar conversaciones, acuerdos y entrevistas con figuras prominentes como: Don Graham, Don Francisco, Mario-Diaz

Balart, Luis Guillermo Solís, Val Demings, y otros personajes del ámbito político y periodístico.

Su trayectoria de diez pasantías por laboratorios de investigación, consultorías políticas, entes gubernamentales y ONG y recibir más de veinticinco becas privadas lo ha convertido en un símbolo de "joven prodigio" para presente y futuras generaciones.

Actualmente, a través de su experiencia, guía a jóvenes alrededor del mundo a identificar problemas y enfrentar el fracaso. Su propósito es crear líderes a través del arte de la persuasión y la narración de historias genuinas con la intención de crear una comunidad con propósito, esencia y coherencia.

www.ingramcontent.com/pod-product-compliance
Lightning Source LLC
Chambersburg PA
CBHW071555150726
48000CB00004B/1474